ママのためのシュタイナー教育入門

ドーリス・シューラー
鳥山雅代 訳

春秋社

正解のない子育ての日々を
今日も生きている
勇気ある
日本のお母さんへ

日本のみなさん、
こんにちは。

わたしはドイツのシュタイナー学校で教師をしている、
ドーリス・シューラーといいます。
家では三人のこどもを育ててきましたが、
こどもが小さかった頃は、
自分の家だけがうまくいっていないんだ、とひとりでよく
まっくらな気持ちになりました。
いらいらして買い物をして、
要らないものが散らかったキッチンで、
自己嫌悪に陥りました。

日本をたずねてお母さん方から悩みや疑問を
たくさんうかがっていると、
日本のお母さんは、ドイツよりも
もっと大変そうだなと思います。
子育てや教育のあれこれを、お母さんひとりが
背負わなければならない現実が伝わってきます。

シュタイナーの子育ては、
「こどものために」を考えながら
「わたしのために」も考えます。
「わたし」の根っこがしっかりすれば、
こどももきっと安心して、
ひとりで駆けだしてゆきますよね。

でも根っこはだんだん伸びてゆくもの。
最初から根っこが生えている人なんて
いませんよね。
みんなぐらぐらのところから
一日一日水をあげて、ちょっとずつ、
お母さんだって成長してゆくのだと思うのです。

この本は、そういうお母さんの一日一日がテーマです。
ひとりひとりの理想的とは限らない現実を引き受けながら
それでも自分のバランスを失わず、
この日常を生きてゆく〈わたし〉のあり方を
シュタイナー教育はさがします。

お母さんの仕事は、どんなにがんばっていても
だれもほめてくれません。
新聞にものらないし、テレビにも出ません。
ただ見えない場所で、ひとりのこどもが
この地にしっかり立てるように、
一日一日をあたふたしながらすごすばかり。
でもだからこそ、
親になることで、わたしがわたしになってゆく、
わたしがわたしになることで、親になってゆく、
そういう路《みち》を
いっしょに探してゆきましょう。

――ドーリス・シューラー

目次

本書は「ＮＰＯ法人 東京賢治の学校　自由ヴァルドルフシューレ」での「親のための講座」の内容をもとに再構成したものです。

ママのためのシュタイナー教育入門

1

わたしの気持ちにきづく

ママであること、わたしであること

ママであるって大変だ

どんなこどもだってやっぱり、まわりの人たちにあたたかく包み込まれて生まれてきたいと願っていますよね。そうわたしが言うと、そんなのあたりまえでしょ？　と思われる方もいるかもしれません。

でも、そんなふうにできない現実に、親として悩むことだって実際にはたくさんありますね。

どんなお母さんにも、そういうときがあるかもしれない。特にまだこどもが小さい方は、いつもいつもこどものことばかり考えて、自分の時間がなくて、ノイローゼになりそうだって悩んでおられたり。子育てってこんなにたいへんだったの？　とびっくりしてしまう。

これまで会社などで働いておられたお母さんなら、突然こどもとふたりきりになって、とても不安になるかもしれない。働きながら育てておられる方は、家庭と仕事の板ばさみで、ひとりぼっちになるかもしれない。幼稚園や小学校にあがる頃になれば、教育の方針に迷って、かんじんのこどもがかわいいと思えないなんてこともあるかもしれません。

ですから、最初にわたしは、それにはそうなるだけの理由がある、おかしなことじゃない、ということを、自分自身の体験も含めて、お伝えしたいと思いました。

そもそもなんですが、こんなことは動物だったら、〝悩み〟になりませんよね。だってこどもを育てる愛情は、群れを増やしたりする基盤になるものとして、より自然に備わっています。そもそも自分から、愛そうとか、こうしようとか、考えてどうこうすることではありませんね。

しかし、わたしたちは人間として、そういう動物的なものから、よくも悪くも離れていきました。だからこそ、自然に備わった愛情がどんどん弱まっている、ともいえるわけです。これは人間が負うべくして負っている人間の悩みです。ひとりお母さんだけが抱える問題ではありません。その人だけの問題なんだ、ということではないのだと思います。自然や文化といった子育ての環境も、この一世紀で驚くほど変わりました。

ですから、生まれてきたこどもにたいして、ごくあたりまえに愛情をそそげないことだってある。こどものことだったら、なんでもうきうきとしてやれる、とはいかないこともあるわけです。

直接関わらない人は、こういう現実にショックを受けて、それはたいへんな問題だ、と批判する方だっているでしょう。でも、なんといわれたとしても、わたしたちはこの現実と向き合うというだけです。

つまり、どんなふうにして、わたしたちは、こどもたちがその存在を歓迎される環境をつくっていけるのか、ということ。それが親だけでなく、それをとりまくおとなたちの新たなテーマなんだ、というわけです。

すべてのお母さんではないかもしれないけれど、たとえばそんな子育ての問題を感じておられるお母さん方は、だれかにいろいろお説教されなくたって、自分の習慣を変えなければいけないときっと自分がいちばん思っているものです。自分が自分をいちばん責めてしまうのですから、今更だれかにお説教されなくたって、という気持ちになります。

理解されにくいのですが現代のお母さんは思うよりずっとたいへんです。安定した家庭を作りあげながら、自分の一日の仕事をやりきらなければならない。そのうえで自分自身のバランスをとらなければいけない。外で働いていたなら、その問題はより複雑です。仕事、または夫婦関係、しかも日常のあれこれ……専業主婦としてお母さんをやるときは、たったひとりで家に閉じこめられたような心細さもあるでしょう。

そういった状況のなかで、それに加えて、こどもの求めて来るものや思いをかなえてあげなくちゃならない。もちろん、そうしてあげたいとも思う。でも、それはわたしたち母親にとっては、思うほど決して簡単でないのです。

ひとつひとつはささいなことでも、そんなことが積み重なってくると、親として本当にもうどうしていいかわからない——というときがあります。日常のなかで、もう自分はなにもできない、ほんとにだめな親だと思ってしまう場合がある。まだこどもが小さかった頃、わたしはいつもそう思っていました。

たとえば、こども同士がけんかをしたり、家で暴れだしたとき、わたしは、ほかの家庭は本当に幸せそうに、本当に思いやりのある環境に住んでいるんだ、自分のところだけが、いつも叫んだり暴れたりしているんだ、と感じました。家庭のなかで、もう悪いものにしか目がいかないのです。

そんなとき、家族のなかでそれを慰めてくれる人がいる場合は、とても幸せですね。たとえば自分の母親、こどもにとってのおばあちゃん、またはおじいちゃんがいてくれて、そしてわたしに

「大丈夫だよ。これでいいんだよ」「おまえはよくやってるよ」

と言ってくれたら、どれだけほっとするでしょう。

必要なんです。そういうことが。

親でなくても、友だちがそう言ってくれるだけでもほっとしますね。

しかし、だれもがそんなふうに恵まれているとはかぎらないわけです。そういう人がだれもいない、という人だってたくさんいます。親や友だちがいても、そんなふうにうまく話せないことだってありますよね。

むしろその反対が多いでしょう。

いつもいつもまわりから要求されるばかり。

親も近くにいない、友だちだって忙しくて助ける余裕もない、そういう場合は、じゃあいったいどうやってこんな状況をもちこたえる力を見つけられるのか、それがまず考えるに値しそうです。

自分の「いい状態」おぼえてますか

まわりから要求されることに応えようと躍起《やっき》になっていると、自分の気持ちがお留守になってきます。そればかりでなく、自分が自分にまず要求してしまうから、しんどいですね。そして、自分はこんなこともあんなこともできなかった。これをやろうと思うんだけど、またできなかった――そういうことで自分を責めてしまう。

お母さんが、自分自身の気持ちを保って、ほんとにいい状態だったら、こどもにほっとした空間を与えることができますね。この、

「自分の状態をいい状態にする」

ということは、実はとてもとても大切なんです。といっても、頭でわかるだけでは力になりませんね。〝ここ〟――わたしのまんなか――でわからないとだめなわけです。

たとえば、ある一日の終わり、もう自分はどっと疲れてしまったという日があるでしょう。まわりからの求めに応じてひたすら動きまわった、自分のしたいことなんてひとつもしていない。自分はなんだか力を奪い取られてしまったみたい、と感じることはありませんか。わたしにはよくそういうことがありました。

そんなとき、すこし考えてみてはどうでしょうか。どこで、自分はそのなくなってしまった力を補うことができるのだろう、と。

なにを求めているのだろう

わたしたちは調子が悪いとき、無意識にへこんでしまったところを補おうとして、なにかを求めます。どうしたら補えるだろう、と考える間もなく、そういうふうに求めているものです。

その奪われてしまったと感じるものをふたたび求める方向が、悪い方向に向かってしまう場合が、残念ながらあるわけですね。

よくあるのは、女性に多いケースかもしれませんが、いらいらや満ち足りなさで買い物をしてしまう。ご存じかもしれませんね、みなさんも。わたしはよくやりました。

これもできなかった。あれもできなかった。しかもちゃんと、人に期待されていることができない自分はほんとにだめな人だ……。そう思ってるときでも、やっぱり、今日のごはんの材料を買いにいかなくちゃいけませんね。冷蔵庫に切れてしまったものをひとりで買いにいかなくちゃならない。

しかし、疲れている。自分は疲労している。

そんなときに、スーパーやデパートで、陳列してあるものが目に入る、あれも目に入る、これもこれも……。なんだかとたんに、それさえあればなにか満足できるんじゃないか、という気持ちになる。そんなふうにして買って、今でも後悔しているものがわたしにはあります。それは無意識の疲労から来たものだったと今ならわかるのですが。それが欲しかったわけではないんです。

なにか自分のためと思って買うことがしたかったんですね、きっと。自分だけのために買いたい、ささいな物でも。

でも結局はもう、ほんとに要らないものだということが、いずれわかるわけです。キッチンにあってもじゃまなんです。

そこでわかるのは、次の欲求でしょう。なんらかのかたちで、価値のあるもの、たとえば美しいものが自分のために欲しい、求めたい。そういう〝本当の気持ち〟です。

こんな買い物のようなことをしょっちゅうやっているな、買い物じゃなくても、なんだか甘いものばかり食べちゃうな、ですとか、はたと思ったとき、ちょっとご自分にたずねてみてはどうでしょう？

自分は、本当のところ、なにが欲しいんだろう？

なにを探しているんだろう？

買ったものを、あとからよく見てみたとき、どんな気持ちがしますか？

冷静になって考えてみたら、このようながらくたを探してるわけではない、と感じるかもしれません。でも、なにかが欲しかった。それは本当なんですね。

なにが欲しかったんだろう?

いったいなにを自分が求めたら、自分はこころから満足するのか、すこし立ち止まってみる。買い物をつづけることは、ご存じだと思いますが、むなしさを加速させます。でも止められない。

でもあわてないでくださいね。

自分はなにを必要としているんだろう?
なにによって、自分の力は補われるのだろう?

それは買い物だったり、なにか食べたり、テレビを見たり……といったことでは埋まらないだろうということ、そのことに気づいてみるだけで、もうちがう場所に、わたしたちは立っています。

自分の時間はわがままじゃない

余裕がないときに、そんな状態におちいってしまいます。これが、買い物や食べ物ではなくて、だれかのために頑張っているんだ、と必死に思いたくなってしまう場合もあるでしょう。ご自分のためじゃないという気持ち、それはもちろん、本当なんですね。でもあまりにそう思うこころのなかに、よろこびがなくなっていたら、すこし立ち止まってみてください。

ときどき、職場やなにかコミュニティの活動をしているときに、もう本当に疲れきって倒れそうになっているのに、まだ仕事をしているという人がいます。その人はどこかで、もうぼろぼろになりながら、これは、〝あなたのために〟全部やってるんですって、なんだか訴えている。そんな場面に出会うと、みなさんがその人じゃなかったら、そこまでやらないで、何か別のことを考えられないかな、って思いますよね。もちろん、その人は、助けてほしい、という一言がうまく言えないのです。

もしそれが、こどものためなんだ、ということになったら、なんだかこどもは、自分が悪いことをしているような気持ちになってしまうかもしれません。自分の犠牲になっているんじゃないかって。お母さんのなかに、よろこびが少しもなかったら。

大切なことです、ほかの人に、

「もうできない、このままでは。限界だ」

と伝えることは。今は、自分の時間が必要だと。

でもそういうことを、伝えること自体、必ずしも簡単ではないから難しいのですね。一度、二度、勇気をふりしぼって言ってみたけれど、聞いてもらえなかった。そんなこともあるでしょう。このことは、また後の章で、すこしくわしく考えたいと思います。

程度のちがいはあると思いますが、こんなことはよくあるのではないでしょうか。なんとかしたいものです。すごい魔法はないとしても、何か新しいことを考えなくてはなりません。

みなさんは、一日のうち、もう今だけは、自分は「自分だけのもの」だ、という時間がありますか？

ママでもない自分、または職業を持ってるその肩書きでもない。しかも奥さんでもない。主婦でもない。この瞬間は、自分は自分であるという時間です。

そんなぜいたくな時間、あるはずないじゃないですかって言われてしまうかもしれませんね。確かにお母さんは二四時間お母さんという感じです。でもここで、ちょっとお話してみたいのは、「わたしはわたしだ」と感じることは必ずしも、理想的に描きやすい長い時間でなくてもよいのでは、ということなんです。

ここでいちばん大切なことは、時間そのものではなくて、自分を取り戻すということです。

なにか、すばらしいバカンスにでかけるとか、そんなことができたらいいですけれど、そうじゃなくてもできるかもしれない。いえ、むしろ、一日のなかで、だれでもはじめられる簡単なことかもしれないんです。

そこで大切なのは、その瞬間に自分は自分のみであるということを味わう、思い出すこと。そして、まずここでお話したいのは、それは決して

〝わがままじゃない〟

ってこと。それは本当に大切なことだと思います。わがまま、ぜいたくじゃない。そうではなくてそれは、自分の根っこに戻る大切な時間なんだ、ということ。なぜなら人は、自分自身を見つけたとき、初めてほかの人のために存在できるわけですから。

そういう自分の状態が、いったいどんな状態なのか、ちっとも想像できない、という方もおられるかもしれません。もう疲れちゃって。

たとえば、家のなかで

ここは落ち着くなあ、という場所はありますか？

想像してみてください。なくてもいいんですよ。

あるテーブルの隅のいすだったり、ソファの端っこだったり……。そこにいると、なんだか、ほっとする、居心地がいいな、という場所です。もうぐちゃぐちゃで、それどころではありません！ という人もおられるかもしれませんね。特に小さいお子さんがいらしたら。もう、そんな場所も時間もどこにもない！ と。

でももし、あなたが、ぐちゃぐちゃを脱したいと思われるなら、ぐちゃぐちゃな状態から、ぐちゃぐちゃじゃなくしなければ！ と頭でいくら考えても、又ぐちゃぐちゃになってしまうものです（笑）。なぜってそれは、戻る場所がどこかわからないのに、必死に戻ろうとしていることになるから。

ですから、こうしなければ、と考えるまえに、居心地がいいな、気持ちがいいな、という状態のじぶんが、どんなふうなのかを、毎日の生活の時間のなかに探し、味わってみてください。もしぜんぜん思い浮かばないと思ったら、ひとまず、そういう状態を思い出せないんだなあ、と気づくだけでもちがうんですね。自分の気持ちに気づいたわけですから。

そしてもしできたら、家のなかででも、この場所にいると、ちょっと落ち着くな、という場所を探してみてください。家のなかでなくても、町のなかでも。そして、家のなかにできたらつくってみてください。ほんの片隅でも。


シュタイナー学校（自由ヴァルドルフ学校）をいちばん最初につくったルドルフ・シュタイナーは「〝今、肯定的なもの〟を感じる練習しなければいけない」と言っていました。

ネガティブなものは〝練習〟する必要がない。なぜならそれは、もう終わってしまいましたから。またはいずれにしろ、やってきますから。それが世界のなかにあるなら。でも、ときに、肯定的なもの、ポジティブなものは、自然にやってこないことがある。練習するとしたら、それはネガティブなものではなく、ポジティブなものだというわけです。
じゃあいったい、具体的にはなにをすればいいのでしょう？　なにをすればポジティブになれるというのでしょう？　それは、わたしが、きっとこうすればいいわよ、とはお伝えできないですね。人によって、落ち着く場所もリラックスすることがらも全くちがうから。それだけは、それぞれが自分で探すしか、方法がないんですね。

本当に自分がいい状態になれるもの……。わたしにとって、それは最終的には音楽でした。

わたしは小さいときからピアノを習っていました。といっても、かなり早いうちにやめてしまいましたから、ちっともうまいわけではないんです。ピアノはいつも家にありましたが、ほとんど弾いたことはありませんでした。

二人目が生まれたとき、わたしはもう三〇歳と四〇歳のあいだでした。前のこどもとずいぶん離れていました。体調が非常に悪い時期でした。本当に身体的にも疲労していたわけです。

そんな頃、うえのこどもがピアノを習いはじめました。ピアノの先生がちょうど家に来ていたのですが、小さなこどもに一時間のピアノのレッスンというのは、まだすこし長すぎたのです。

ピアノの先生は、わたしがすこし弾けるのを知ってました。それで
「あなたがすこしピアノを弾いてみたら？」

と言ってくれたんです。

考えたこともありませんでした。自分が、自分で音楽をはじめるなんて。

そんなわけでピアノをはじめたのです。最後の一五分間で。

どんな曲を弾くか、彼女と選びました。いっしょに弾いたりしました。

自分がたのしめるような曲、そして練習できる曲。彼女はたくさんの楽譜をわたしに持ってきてくれました。うれしかったです。

ただたんなるよろこびとしてピアノを弾きました。先生もとてもいい人で、厳しく教えるようなタイプの先生ではありませんでした。ですからほんとに、わたしだけのためにピアノをやりだしたんです。

だからといって、わたしが天才ママさんピアニストになりました、とか、学校で教えるようになりました、とか、そんなことではありません。そういう、意図的なものはちっともなし。一日のうち、ちょっとピアノを弾く。ほんとにそれだけ。そんなに長い時間でもなかったわけです。

けれど、そんなにわずかな時間でも、自分にとって、本当に、ちょっといいな、ということがすぐにわかりました。もちろん、わたしはよいピアニストになったわけではありませんでした。でも、そういう意味も必要なかった。こんなリラックスをする、そのためだけにやるということが、わたしにはとても大切なことだったのです。すっかり忘れていました。

その後、わたしは、うたを歌ったら、とってもリラックスできるということに気づきました。

わたしはずっと学校につとめているので、クラスの生徒とも、たくさん歌いました。でも家で歌うのはなかなか難しい。ドイツの壁も、日本ほどとは言いませんけど、それほどぶ厚くないんです。それでわたしは車を運転しているときに、ものすごーく大きな声で歌います。一日のうち一〇分くらいのことです。こんなふうに、自分のほんとに合った状態に合わせてやればいいんですね。これはわたしの例でした。

運動するのがいいって人もいるでしょう。

わたしの夫は仕事でもうへとへとになったとき、または精神的にも疲れきっているとき、走ります。ランニングですね。女性でもランニングがいい人がたくさんいると思います。そんなに延々とやる必要もなくて、ほんのちょっとでも。こどもも小さいうちからでも、なにかすこしでも時間がとれれば実現できるでしょう。とにかく、親が本当に、ある一日のわずかなわずかな時間、自分たちだけのためにすることがあるということ——。

それは小さな芸術的なことだったり、運動だったり、読書だったり……、やらなくちゃならないから面白くないのにやるんじゃなくて、本当にそれがたのしかったら、よろこびがあったら、やってみる。

一生同じことをやるという、本格的なことでもありません。変わっていくでしょう。ただ、もし、たのしいことが見つかったら、ある一定の期間は、同じことを習慣にすると、力になると思います。

重要なのは、人がいいっていうからいいんだろう、面白いっていうから面白いんだろう、といった気持ちでやらないということ。きっと疲れてしまうでしょう。ちがうと思ったら、やめたらいいです。

あれもやったけどこれもやったけど、つまらなかったというときは、もしかしたら、人が面白いと思っているからそう思おうとしている、という場合がよくあります。でも、かっこいいことじゃなくてほんとにいいんですね。なにか〝様になる〟ことじゃなくて、人にはちょっと言えない恥ずかしいやりかたで。大声で、車のなかで、歌うとか（笑）。もっともっとほかのものでもいいでしょう。ときどき友達と会う、友達がいなければ自分で日記をつづる。書くということが力づけになる人もいる。

それは本当に、さまざまであるはずなんです。

大切なのは、人の考え方や感じ方でなく、本当に自分が自分だと感じる場所を見つけることです。どんなふうに感じるとき、自分だなあと感じるか、それは本当に、その人自身にしか、わからないことですから。

〈根をもつということ〉

まわりからいろいろ言われることから離れて、自分が、本当にこころから落ち着いてピアノを弾く。そういう瞬間を味わう。そして、そこで自分を感じる、自分自身を。そして、ああ、自分はリラックスしているなあ、もうどっと疲れてはいないなあって。

自分がすなおに自分だという状態が保てている、と感じる。

反対に、自分がほんとに疲れていたんだなあってわかります。

そういうときの自分の状態を忘れないでおれれば、なにか日常のなかで難しい状態に立たされたときも、すこしちがう気持ちでいることができるようになってきます。

このようなピアノを弾いているときの自分を習慣的に感じる時間がもてるようになると、アクシデントが起こったときも、その状態を思い出して、自分を取り戻すことができるようになるんですね。あたふた自分を見失うことなく、あのときの自分を呼び出すことができるようにだんだんなってゆく。戻る場所がわかってくるのです。

自分の根っこに戻る。本当に自分を取り戻し、自分というものをしっかり持てる余裕が生まれたなら、力が持てたら、初めて自分は、ほかの人のために力を与えることができる。自分の根っこに戻れるようになったら、みなさんは、そのときはほんとにいい状態になれるはずなのです。なにか自分が変わらないとだめなのではありません。思い出せばいいだけなのです。信頼してください。忘れているだけだから。

ある往復、外との関係性にひらかれることと、自分の内なるものに戻る時間、この行き来のリズムをつくりだすこと――これが大切なのではないかと思います。

どちらか一方ということではないのですね。このリズムを生活のなかにつくりだしゆけるなら、みなさんは時々の風に揺らがない樹のように、しっかり現実に根をおろすことができるでしょう。

小さなこどもが安心して、あたたかく守られている、愛情があるなかで育ってゆけることが重要だと、冒頭でお話しました。そしてこれは〝高い理想〟だとも。私たちには、それができないことがたくさんあります。現実は、本当に、いろいろなことがあるから。でも、それでも今、できることといったら、こどものすぐ隣りにいる私たちが、自分の足で立とうとすること。すぐできるはず、ということでは全くありません。でも、なにかがなくちゃできない、ということはないですよね。

〝根っこ〟がしっかりしている樹木が、ここにあるよ、という安心感の下で、こどもは育ってゆくのだと思うのです。でも根っこはだんだん伸びてゆくものです。お母さんの根っこも、こどもの根っこも、そうですね。

こどもに語りかけるときは、ある落ち着きをもって語りかけることが、大切だとわたしは思います。このことは次の章でお話しますが、だからこそ、これまでお話してきたことは、こどもにとっても、結果的に意味のあることになってゆくと、わたしは思います。

もちろん怒ってしまったり、感情的になるのは、わたしたちは人間ですから、もう本当に仕方ないのです。全部、そういったことを「消す」なんてことはとてもできませんし、不自然です。

学校の教師としても、わたしはよく怒りたくなります。

何というさくさだ！　という教室のなかにひとりで立っています。こどもを静かにさせたい。わたしのつとめるニュルンベルクのシュタイナー学校は、一クラス三六人、大きいクラスなんです。休み時間にけんかをして、けんかをしながら教室になだれこんでくることだってあります。

二人のこどもが、とても攻撃的になっている。でも、おとなのわたしはそのとげとげした状態のなかに、いっしょに染まってしまってはいけないんですね。そう、いっしょに攻撃的になってはだめなんです。なんていいながら、あっというまに、わたしは怒ってしまう。

しかし、日常のなかで、ヒステリックになったり、またはちょっと自分でもおかしいんじゃないかというくらい怒り狂ってしまったりするときには、ピアノを弾く自分の状態を思い出すことがきっと助けになるでしょう。

つまり、こういったこともやっぱり、練習が必要な場面なのかもしれませんね。どこか天から授かるのではなく。もちろん、こういうことが自然にできている人だっておられるでしょう。でも、今それができている人たちみんなが、いつのまにか自然にできているわけではないと思うのです。

わたしも、もういろんな、てんやわんやがあって、悩んで、どうしようもなくなったとき、ふとピアノに出会ったのです。

2

こどもの気持ちにきづく①

ちゃんと見ているよ。

大切なことは小さくて少ない

こどもが小さい頃は、お母さんが好きなものはわたしも好き、お母さんが嫌いなものはわたしも嫌い。お母さんが元気だとなんだか元気、お母さんが落ち込んでると、なんだか気持ちがふさいじゃう。お母さんとこどもの気持ちというのは、そんなふうに、くっついているようなところがありますね。

ずいぶん大きくなるまで、そういうところが残りますが、それでもだんだん、こどもの気持ちはこどもの気持ちとして、独立していきます。

さて、そのこどもの気持ちが、この章のテーマです。お母さんご自身が、自分の気持ちにやさしくなると、こどもの気持ちも見えてきますね。

まずシンプルなところから考えてみたいと思います。

人間が成長するうえで、本当に大切なことはなんだろう、と。

「大切なこと」というのは、「たくさんはない」はずなんですね。その大切なことを忘れないでいられたら、たいがいのことは落ち着いていられるんじゃないかなと思います。

反対に、子育てについていろいろ知っても、まんなかの大切なことが自分自身でわからないと、いつまでたってもなんだか不安、という感じになるのではないでしょうか。

ある家庭は、外側から見れば、パーフェクトに見えるかもしれません。何かおもちゃがたくさんあるかもしれません。シュタイナーのおもちゃがカンペキにあって（笑）、なんだか素敵な家に住んでいて……でも、本当に大切なところが充たされていなかったら、せっかくのおもちゃも、意味がないですね。

でも、誤解しないでくださいね。こどもにいいおもちゃを買ってあげよう、そう思う気持ちだって、もちろんひとつの愛情のかたちなのです。でもそこにだんだん囚われて、もっと大切なことがわからなくなってゆく、すれちがってしまう、いろんなふうに迷って、その愛情の示し方が、わからなくなってゆく。そういうことがあるから、悩むんですよね。

反対を考えてみてください。

とても貧しい家庭で、何もこどもが遊ぶものがない。日本だけでなく、世界にはたくさんありますね。遊ぶものといったら、土しかないような環境。でも、ひとりの人がその子とかんじんなときにしっかり向きあい、まわりの近所の人たちが、そのこどもを包んでいったなら、そのこどもは育ってゆきます。

なにが人を育てるのでしょう?

ここでわたしがまずみなさんにお話したいのは、こどもが生活のなかで基本的に親に受け入れられているんだ、と感じられるということが、〇歳から七歳のあいだでいちばん重要なんだということです。でもそれは、よくごちゃごちゃになってしまうんですが、怒ったり、叱っちゃいけない、ということでは決してないのです。そのことは、あとでお話したいと思います。だれかひとりでいい、こどもとしっかり向き合って、君が生まれてきてうれしいよ、とそれを伝えられたら、こどもはそれからの人生をしっかり生きる土台を得ることができるでしょう。

もちろん、その愛情ひとつとっても、それが自然にこどもに渡せる人とそうはできない人がいます。自分が育った環境や家族によっては、それができない、愛情が渡せない、ということもあるはずです。わたしたちは異なっていますから。

自分自身が、こどものときに愛情をそそがれていない、そういう家庭で育った場合、自分がおとなになって愛情をこどもにそそぐのが感覚的に難しいということがあります。

たとえば、みなさんにも、小さい頃親に言われたことで、あれだけは自分のこどもには言いたくないと思っている言葉があると思います。なのに突然、その同じ言葉をこどもに言ってしまうという瞬間があったりしませんか。わたしたちは、程度のちがいはあれ、だれでもわたしたちの過去を引きずっているというわけです。

個々の問題に対して、わたしがなにかをここで申し上げることは残念ながらできないでしょう。それはやはり個々のことがらですから。そこには、そんなふうに簡単に言って終わりにできないことがたくさんあるでしょうから。こうこうこうしたらいい、こうこうこうすべき、と簡単に言うことはできません。わたしには想像のつかないような人生を歩まれている方もいる。わたしたちは、本当に異なっているのです。

ただ、自分の経験してきたものとは別様に取り組む自由があるはずだ、とわたしは思っています。でも、それは、〝すこしずつ〟。大きな一歩ではなく。

ひととき、全身で向かう

こんなちょっとしたことのちがいを感じてみるのはどうでしょう。

こどもと話すときに、首をちょこっとこどものほうに向けて話すのではなく、こどもの正面を向いて、話す。そのこどものまんなかに向かって話しかけます。

何かこどもが話しかけてくるときがありますね。いつもいつもではなくても、こどもがなにか話したそうだな、と思ったら、なあに？　と言って、ちょっと仕事の手を休めて、それから聴く。いつもいつもはとても無理ですが、でもちょっとした話をするときに、このことをすこし気をつけてみると、どんなことを感じられるでしょうか。それだけで、こどもはほんとに安心するんですね。小さいこどもだけでなく、小学校にあがっても、ある意味では中学生になっても、高校生になっても、このことの意味は変わらないでしょう。

こどもたちは、おとなたちが、全身をつかって一〇〇パーセントで自分に向かってくれることをこころから願っています。もちろん、からだだけという意味ではなく、こころとからだという意味で、「全身」ということです。

全部でこちらを向いてくれているのか、それとも、どこか頭の一部は、ぜんぜんちがうことを考えているのか——小さなことですが、たとえば、そういうことを、ちょっと気をつけて感じてみる。こどもは、そういうことに、とても敏感です。

〝からだの言葉〟を彼らは感じているからです。

たとえば、「〇〇、来なさい」と声だけで、ちょっと声をかけるのではなく、こどものほうをからだのほうに向けて、しっかり見て「〇〇、こっちにおいで」と呼ぶと、こどもはやって来ますね。本当に全身で向かってきているんだな、とこどもが感じ取れるからです。わたしたちは、お茶わんなんか洗いながらあっちのほうを向いて「〇〇しなさーい」とか、叫んでばかりですが（笑）、こどもは自分のほうに向かってきてほしいんですね。自分のほうに。

小さければ小さいほど、この全身で向かうということが、とても大切になってきます。こどもが一日数回でもこの経験ができたら、彼らはその一日を満足してすごすことができるでしょう。もうそれで充分だ、ということになるんです。

地中海にバカンスにでかけたとき、そのことを実感する出来事がありました。わたし自身のことではなく、そこで見かけた二組の夫婦の話なのですが、それぞれ同じ年頃の小さなこどもを連れていました。

プールに出かけたときのことです。

そこでは、たくさんの人がくつろぎにきています。ちょっと、そこでの情景を想像してみてください。やれやれと疲れた人たちが、やっとバカンスにやってきて、リラックスしている。さて、小さなこどもたちが、本当にいやがることは、おとながプールサイドでリラックスしていること（笑）。ですからさまざまな子連れのおとなたちが、そのリラックスしたプールサイドで、その〝問題〟と格闘していました。

最初に見かけた夫婦は、その問題が〝大問題〟になっていました。こどもは四、五歳だったと思います。

両親は、プールサイドでリクライニングのいすに座り、こどもはプールでちゃぷちゃぷやっていました。まだ五歳頃ですから、泳ぐことはできません。

「お母さん、お父さん、あそぼうよー、あそぼうよー」

とプールから、言いはじめました。

両親は、自分だけで遊びなさいと言いましたが、ひとりで遊ぶものが何もありません。こどもはだんだんうるさくなってゆきました。まわりの人がだんだん注目しはじめます。お父さんが「困ったなあ」という感じで立ち上がり、プールに入っていきました。

こどもを水のなかから頭上に放りあげてざぶん、と落とす遊びをはじめました。こどもは、きゃっきゃっと笑ってよろこんでいました。でも五分くらいしたら、お父さんはまたプールを出て行ってしまった（笑）。

遊びはそれでおしまいでした。こどもはがっかり。

満足していないのがわかりました。関わったのが、その一瞬だけだったからです。こどもの感覚では、お父さんとお母さんはとにかくリラックスしたくて、自分のことよりそれが大事なんだ、という気持ちがしたんだろうな、と思いました。

さて、別のプールサイドにも同じ年頃のこどもをもった夫婦がいました。この夫婦は、自分たちがリクライニングのいすに座るまえに、こどもと遊んだんです。別に特別なことをしていたという情景ではなかったのですが、二人でこどもと水のなかでたのしんでいるという感じでした。でも長くても十分くらいのことだったでしょうか。

両親は、それからプールを出て、こどもを蛇口《じゃぐち》から水が出ている小さな遊び場に連れて行きました。ちっちゃなバケツを「これで遊べるよ」と言って渡し、自分たちのいすに座りました。こどもは、その水でぱちゃぱちゃ遊んでいました。そのまえに、愛情でおなかがいっぱいだったから、かもしれません。

きっと、最初のこどもを、その蛇口のところに最初にいきなり連れて行っても、そんなふうには遊ばなかったのではないかなと思ったのです。全身で向かう、内側からこどもに向かうことが大切だとは、こんなことではないかと思いました。

こころもおなかが空く

一日、何回かは、そんなふうに本当にこどもとつながるということ、内側から流れてくるものを渡すということ。それを経験すれば、こどもは数時間くらい、それを必要とせず、自分で遊んだりひとりでいたり、いろんなことができます。

それは食事にちょっと似ています。たとえば、おいしい食事を、一日に二、三回食べたら、ずーっと食べる必要はなくなりますよね。しかし、まずい食事を食べたら、どこか不満足で、いつもおなかがすいている、なんだかだらだら食べてしまう、という状態になる。こどもに向かう姿勢も食事と似ているのではないでしょうか。

一日のある時間、本当に全身でこどもに向かっていく時間があったら、こどもは、おなかがいっぱいになるわけです。でも、「わかったわかったからね」、と言いながら、実際は、仕事や、ちがう自分のやりたいことをずっとしていると、こどもはいつもおなかがすくわけですね、だから何度も何度も「ひっぱる」わけです。こっち、こっち、こっちというふうに。

そうするとお母さんはお母さんで、こどもはいつもいつも要求ばかりしている、といらいらしてくるわけです。それで、こどもを怒っちゃったりする。こうなるとお互いつらいですね。

みなさんだって、しょっちゅうこどもの口にごはんをあげていたら疲れてしまいます。そうじゃなくて、食事の時間をつくると思います。こころのごはんにも、同じことがいえるのではないでしょうか。

最初の七年間で、ちゃんとこっちを見てもらう。この体験をすることが重要だ、ということなんです。

彼らは七歳になって学校にいくようになったら、次のことを知らなければならなくなります。

学校に入ったら、一日のなかでしっかり自分に向かう時間と、先生や他の友だちといっしょに取り組む時間というように、時間の区別がもてるようにならなければなりませんね。授業中でも、先生先生といって、くっついていないと心配だとなると難しいわけです。

七歳までのあいだに、親がしっかり自分のほうに向かってくれたという感覚がもてないと、学校にあがってからおとなたちや先生をぶんぶんふりまわします。彼らは、しっかりおとなに向き合ってもらった感覚が薄くて、いつもいつもおなかが空いているんです。おとなたちがこっちを向いてくれるように要求している。叱るだけでは悪循環です。

「だめだよ」と「だいすき」

〇歳から七歳までは、やはりおとな、親の手やからだを通したふれあいが、愛情のシンプルな表現になります。

こどもたちは、すべての五感をつかって自分に向かってくれることを、こころから望んでいます。どのように自分のからだに触れてくれるか、やさしくなでてくれるか、……この「どのように」ということが、彼らにとって大切なわけです。なぜなら〇歳から七歳までのこどもたちは口で話される言葉より、お母さんの話すからだの言葉を聴いているからです。

このからだの言葉と口で伝える言葉のあいだには、目に見えにくい繊細《せんさい》な関係があります。こどもがいうことをきかないとき、おとなの口とからだの言葉がずれているということがあります。

たとえば、こどもが小さくて、何かまちがったことをしてしまったとします。うえの方から、アヒルみたいにガーガー叱るんではなくて、こどもの目線と同じ高さになってさりげなく触れて、「これは、やってはいけないよ」と語りかけるのでは、ぜんぜんちがうわけですね。

手、声、目で、しっかり触れて、「いけないんだよ」と、伝える。こどもは、親が近くにいるということを感じます。

真剣にこどもに向かって、「これはやってはいけないんだよ」と言ったら、うえから怒鳴る必要はありません。「やってはいけない」というおとなの意志を、こどもはからだも含めて体験できるからです。

こういうふうに言われたら、言われたこと自体を、こどもはなにか〝悪いこと〃のようには感じないでしょう。「なにが大切なのか」を、お母さんは、伝えているのです。

反対に、まわりの環境が「寒い」環境……お母さんが腕組みをしてこどものほうも見ないでなにかわめいている！「もう最悪だわ！またこんなことをやって。いつもやるんだから！」と、わめいている（笑）。ひどいことみたいですけど、こんなふうに言っちゃうことだってありますよね。疲れていたら。でも、そんなふうにしなくても、こどもに「厳しくある」ことはできるということなんですね。もちろんそれはお母さん自身に基本的な余裕があることが前提になります。お母さんのこころが疲労でいっぱいになっていたら、難しいんですよ。

こどもには境界が必要です。こどもは、「なにをしてはいけない」という決まりを必要としています。しかし、この境界を与えるときにも、しっかりと向き合って、あたたかさをもちながら境界を与えることができるのです。

「おまえがやったことは正しくない」ということ。

でも「だいすきだよ」ということ。

この二つを、こどもはいっしょに体験したいんですね。叱るとは、なにが大切かを伝えることです。そうすれば、こどもにとって「それはいけない」ということを受け入れることは、問題ではなくなります。それは生涯にわたって、こどもたちの支えとなる感覚になるでしょう。

〈向き合うということ〉

人と人が向き合う、これはシンプルですけれど、意外と難しいことです。

おとな自身が、向き合うということを、まだよく知らないかもしれませんね。

向き合うとは、全面的に受け入れる、肯定する、ということだけからできているわけではありませんよね。ときには、それは違うよ、とはっきり伝えるということも、「向き合う」ことです。それは、あなたをちゃんと見ているよ、というメッセージです。その言葉がしっかり、胸に届くものであったら、こどもはきっと安心します。

こどもは、どこかにしっかりした信頼できるものがあるか、ということを探しています。それを、お母さんお父さんは知っているんだな、と思えるか、お母さんもお父さんも、なにが大切かわからなくて不安なんだな、と思うのとでは、ずいぶん安心感が違いますよね。

というと、みなさん、自分の人生だって、まだまだ迷いがたくさんあるのに、そんなどっしり構えるだなんてとても無理だわ、と思われるかもしれません。それも実際その通り。でもひとまずここで申し上げているのは、ある意味で、もっとささやかなことから出発します。なんでもそうですが、おおきなことではないんです。

たとえば、眠る時間。

こどもにとって、「眠ること」はとても大切です。おとなは自分にとって大切なことを知っている存在なんだ、と感じられることがかんじんです。そこがぐらぐらして信用できないと安心できないのです。ですから「なにをしても許される」状態は、こどもにとって安心ではありません。

はっきり伝える、ということは、スパルタ的に厳しくする、ということとは違います。さらには怒鳴ったりすることとは、もちろん違いますよね。もちろん、ついつい怒鳴ってしまうということはあるわけですが。こどもの安心は、「なにがよいことか」を「はっきり伝える」ことによって生まれます。

たとえば、夜八時半にはおふとんに入るんだよ、と伝えているのに、時間になってもこどもがぐずぐずして眠る気がない、ということはよくあります。

お母さんは、こどもにとって睡眠が大切だと知っているから、こどもに寝る時間を告げるのですね。何か理由なく、決まりだから守るんですよ、ということではないわけです。でも、そのことをはっきり伝えられない、ふわふわとしか言えないということがよくあります。


「さあ、もう眠ろうよ〜」「お父さんに怒られるよ〜」

「ほら歯をみがいてないんでしょー」


こどもにとっては、これははっきりとした言葉として、なかなか聞こえてこないんですね。強く押しつけてはいけないんじゃないか、強制してはいけないんじゃないか、という感じで、ふわふわ声が定まりません。からだの言葉がともなわないわけです。それに、小さなこどもは、自分で決断する存在ではありません。それはまだはやすぎる。

そして結局、こどもは言うことをきかない。

何度も言ってるのに、なんで言うことききかないの！　と、お母さんはわわわっと怒りが湧いてくる。しかも、この怒りをまっすぐ表現できないから、いきなりヒステリー級の大爆発が起こる（笑）。こどもにとっては、ふわふわふわわっとして、とつぜん雷雨！　これはおたがいにやっぱり不幸です。

もちろん、世界中のこどもは、まだ眠たくないよ、まだなにかしたいよ～と言いますが、こういうとき、親や教師がやってしまうまちがいは、そこでいったん〝ソフト〟になってしまうことです。こどもは、寝たくないという要求を言ったとしても、最終的にははっきり「境界」を置いてほしいと思っています。

ここで重要なのは、親がこどもにとってなにが大切なことかをはっきり知っている、ということをこどもが確認することです。ですから、親としては、やはり、自分のなかで、「確かなもの」が必要になりますね。とはいえ、やっぱり小さな確かさ、です。この段階では、少なくともお母さんは知っています。いま眠るのが大切だということを。その「確かさ」を渡してあげて下さい。

そのことはぶれずに、はっきりと伝えてあげればいいんですね。「眠りなさい」と言うことは、こどもになにかを押しつけているのでしょうか。

みなさんにとって、こどもが今ベッドに入るのが本当に大切だと思ったら、しっかりと、こどもの前に立ってください。眼の奥を、しずかに見てください。そして、さあ、ベッドにもう入るんだよ、と伝えてあげてください。こどもはわかります。今、はっきりと明確なことを言われたと。

ひととひとが「向き合う」ということは、じつはなかなか難しいことです。おとな同士でもなかなかできないのです。

ふわふわと言葉で言って、からだはなんだかむにゃむにゃしている。なんとなく、見逃されている。そして突然どかんと怒る。こどもからすると、おとなはなんだか、たくさんしゃべってはいるけれども、あんまりしっかり伝えてはこない。でもちょこちょこたくさん忠告している……こういうパターンにこどもはだんだん慣れていってしまう。ほんとうに言うべきことを、恐れなく〈あなた〉に伝えること——これはおとなの宿題です。

みなさんのこども時代を思い出してみてください。

どんなおとなに安心感をおぼえましたか。

恐れなく、尊敬できた人はいますか?

こどもの頃に、〈わたし〉に向き合ってくれたおとなの記憶は、きっと生涯を支える宝物になります。

こどもは感じます。あのおとなは、わたしに話してくれる。しかも、まじめに話してくれる人だって。ときには「君がやったことは、よくないことだったんだよ」と、そう伝えてくれるおとなです。でも、〈わたし〉のことは好きでいてくれる。信じてくれている。ちゃんと見ているよ、と。

3 こどもの気持ちにきづく②

この子はこの子。

こどもの時計とおとなの時計

こどもの時計とおとなの時計は、すすむ速度も、すすみ方も、まったくちがいます。お母さんは、よくも悪くも、そのことをいちばん実感している人ではないでしょうか。

単純に言っても、おとなの時計は、どんどんすすむ、速いです。

夕暮れの通勤客がゆきかう駅構内で、ベビーカーを押しているお母さんを見かけることがあります。いっしょに歩く年上のこどもは、一生懸命、パタパタ足を動かして、お母さんにくっついて歩いていますよね。

お母さんとこどものテンポで、町を歩くことは、思うよりたいへんです。

世の中は、なかなかこどもの時計に合わせてはくれません。まわりのテンポとこどものテンポにはさまれて、お母さんはいつも孤軍奮闘《こぐんふんとう》しています。

家庭のなかでも、このこどもとおとなの時計は、時にちぐはぐにぶつかりあいます。

わたしの家では、わたしも夫もずっと外で働いているので、朝仕事にでかける前はいつもものすごいスピードでいろんなことを片づけて出勤します。現代的なスピードです。

毎日、起きた瞬間から、なにをするかの順番が決まっています。髪をとかして、化粧をして、それからゴミをまとめて、それでだいたい十分、といった調子です。プランがあるんです、頭に。電車は、七時何十何分につくから、この時間には走る、そしたら駅から会社まではこれぐらいだから間に合うだろう。ということは、朝食はこれぐらいの時間で十分だ……というわけで、見事職場にすべりこみます。

このテンポは、おとなにとって、ある意味で快適です。考えたようにスムーズにコトが運び、目的の場所にきちんと到着するのです。このようにちゃんと計画して一日をすごすということ。それが順調に毎日テンポよくすすめば、私たちは快適で、気分がいい。しかもそれが習慣になるわけですから、重荷ではなくなるわけですね。現代のおとなの、ある種の理想的な毎日のイメージがここにあります。

でもここに、ちいさなこどもがひとりいたらどうでしょう？　事情はがらりと変わってきます。まだ小学校にも入っていないこどもがわが家にいるとなれば、もうそれは別の時計の生き物が住んでいるんですね。さらに彼らを保育園や幼稚園に送り届けなければならないとなれば、もう修羅場《しゅらば》。思いどおりにどんどんすすめるなんて、とんでもないわけです。

この小さな存在は全く違う欲求をもっています。

彼らはそんなふうに一日の流れを順調にこなすことを人生の目標として

いません。彼らのよろこびは、決まったことをストレスなくこなしていくことではないんですね。ちがうんです。

毎朝同じ時間に服を着るということは、彼らにとっては必ずしもよろこびではないでしょう。服を着るのだって、靴下を履くのだって、いやがるときもあります。よろこびを感じる対象そのものが、くるくる変わってゆきます。いろいろなものに興味をもちます。

そんな時でも、こどもは新しいものを体験したい。

お母さん、これなあに？　とか、窓が曇ってるよ、とか、同じ時間のそのときに、世界に興味をもっているんです。私たちおとなにとって、そんな朝のこどものあれこれは正直に言えば、〝じゃま〟だったりする。いらいらしちゃう。父親ともなれば、もう見たくもないといった感じ。実際、新聞なんか読んで、できるだけ見ないようにする。

どうやってこどもをぐずらせずに、言うことをきかせて、いっしょに玄関までつれてゆくか。朝の時間は、二つの世界、二つの時間がぶつかりあうのです。

ところで、彼らにとって、そんな朝のおとなの様子は、どのように体験されているのでしょうか。こどもの抱く世界への興味は、親に歓迎されるものではないということを、こんな場面からも受けとってしまうのが現実なんですね。

もちろん、お父さんだってお母さんだって、こどもの興味は大切です。余裕があったら、そんなふうにはしないでしょう。でも、そんなことを言っても、朝の時間にいちいちこどもに合わせていたら、みんな遅刻しちゃう、それも本当ですね。現実からの要求がある。もうわが家に小さなこどもはいませんが、わたし自身はそうだったな、と思います。

ですから、もうここで、「なにか」がはじまってるんですね。私たちが、気づかないうちに。もちろん、これはわたしの一例ですので、もっとゆったり朝をすごされている方もたくさんいらっしゃるかもしれないけれど、現代の社会というものが、こういうテンポをどこかでおとなにも要求しているんですね。だから、朝以外にも、こんなことがたくさんあるのではないでしょうか。「はやくはやく」というメッセージが、こどもにしょちゅう送られている。

一方において、私たちは自由に生きていくこどもを求めている。少なくとも頭ではそう思っている。でも、日常のからだの言葉では、実際には、私たちは、こんなふうにおとなに合わせることを始終要求しています。いつのまにか。

というわけで、こどもの時計にしっかり合わせるということは、思うより少ないものです。もちろん、多くの場合において、おとなに合わせることが、やはり必要です。

しかし、それがやむを得ないことだったとしても、次のことに気づいているかどうかでは、ちょっと違うでしょう。

私たちは、こどもに、彼らが普通にしていることから比べると、ハードルの高いことをしょっちゅう要求しているということ。おとなにはあたりまえのことであったとしても、こどもはいつも背伸びをしているかもしれない、ということ。

そのことをちょっと意識してみる。日々のおとなとしてのわたしの「からだの言葉」を意識してみる。

だからこそ、一日の中でこどもが自分のリズムですごせる時間をすこし意識して作ってあげることが、とても大切ではないでしょうか、それがここで申し上げたいことなのです。

おとなの世界にいつもいつも合わせなければならないこどもは、一日中それをやっていたら、かわいそうです。自分がいなくなってしまいますから。

この日常生活にあるささいなすれちがいに、おとなは意外と気づかないんですよね。そして気づかないうちに誤解や摩擦《まさつ》が起こっていたりします。もちろん、かなりの部分、それは仕方がないでしょう。でも、お母さんにとっては日常のちょっとしたことの連続かもしれなくても、こどもはいつもいつも、こっちを見て！　って、なにか気持ちをぽろぽろこぼして、すごしているかもしれません。ですからすこし意識して、こどもがこどもとして、のんびりしていられる時間をつくってあげるなら、ずいぶん違うと思うんですね。

ここには、シュタイナー教育が大切にする、人間の見方があります。おとなとこどもの時計は違う、ということ。年齢によっても大きく異なります。ご存じの方もおられるかもしれませんが、シュタイナーは人間は○歳から七歳、七歳から一四歳というように、七年周期で成長すると考えていました。どの年齢のこどもがどのような要求をもっているのか、なにを彼らは必要としているのかということを、おとなたちが落ち着いて知っていよう、同じ一日でもおとなと、そのときどきの年齢のこどもとでは全く違うかたちで世界を体験している、そのことを心に留めておこうというのです。

でもそれはなにか、〝発達段階表〟とにらめっこするようなことではなくて、ちょっと落ち着いて目の前のこどもを自分の目でみる、まずはそんなことからはじまることだと思います。

よく見るってどんなこと？

お子さんがまだ小さいなら、こどもたちで遊んでいるときに、ちょっと遠くからそっと見てみるとどうでしょうか。そこでみなさんは、自分のテンポで遊んでいるお子さんがなにを必要としているかをよく観ることができると思います。できれば、素朴《そぼく》な遊びをしているときがよいと思います。もちろんそれさえも難しい時代になっているわけですが。

こどもがこどもらしい遊びをしているときに、こども同士を見ていると、異なったテンポ、速さをもっていることがわかります。

またはある年齢のこどもには、いつもいつも同じ遊び、いつもいつも同じ歌、そしていつもいつも同じ動きをやるのが大好きだという時期があります。または自分が本当に気に入ったら、私たち親にもう一回もう一回もう一回と、本当に信じられないくらい何度も同じことを求めてくる時期もありますよね。私たちおとなにとっては、もうくりかえすのはうんざり。なのにこどもはまったく飽きない。なにを考えているんだろう？　というくらい、くりかえす。そこでわかるのは、どれだけ私たちおとなとこどもの本質が違うのか、ということです。

その年齢のこどもが、どんなことを必要としているのか、ということ。

おとなとこどもの違いに加えて、もうひとつ、個性、という観点があります。

こどもを落ち着いて見る、ゆっくりした時間がもてるようになったら、こどもの中にあるその子の個性はなんなのかという、予感のようなものがみなさんの中に現れてくるかもしれません。もちろん、はっきりわかるようなことではありません。その瞬間、ちょっと感じるようなことかもしれません。彼、彼女は、なにをしようとしているんだろう？　なにをおもしろがっているんだろう？　なにを悲しんでいるんだろう？

たとえばこどもがひとりで泣いているのに気づきます。すぐ駆けつけたくなってしまうかもしれませんが、ほんのちょっとだけ、立ち止まってみることも時に大切かもしれません。

なぜ不幸な気持ちになったのか、悲しくなったのか、なにがまちがってしまったのか、すこし落ち着いて見てみます。泣くということに意味があるのかもしれませんね。もしかしたら、そこで泣くのをやめさせるようにあやしてしまうのは、逆にその子にとってはよくないということもあるかもしれません。ときどきは本当にこどもが悲しみを体験できることが大切なときがあるからです。

わたしのまんなかの息子が、五歳の頃に、本当に悲しそうに泣いていたことがありました。わたしは、慰めて、ほかのところに意識をもっていこうとしました。ぼろぼろと涙を流して泣いている、こちらの胸も痛みました。

しかし、彼は自分の感情をちょっと印象的に表現する性質の持ち主でした。顔の前で片手を振って、「だめだよ、お母さん、僕は泣きたいんだ」

という気配を見せたのです。わたしははっとして、彼は泣きたいんだな、と思いました。それを泣かせてあげるということが、「彼がなにを必要としているか」に気づくという意味だったんだと。

つまり、そのとき「泣かないでほしい」というのは、わたしの願望だったわけです。いつも楽しく朗らかなこどもでいてくれたらいい、という願望です。それをいつのまにか、こどもに求めて、彼が泣く気持ちを抑えこんでいたのかもしれないと思ったんです。

泣くとか、怒るとか、マイナスの感情のときは、特に私たちはあわてて、それをなんとかしようと思ってしまうものです。泣いちゃだめだよ、怒っちゃだめだよ、というふうに。でも彼は泣きたいのかもしれない、怒りたいのかもしれない。または、その感情を通して、わたし自身になにか別のことを訴《うった》えているのかな？　それらを、よく見る、気づくということですね。

でもそれには、私たちの中でも落ち着く心、余裕が必要になります。現代は、本当に社会の動きが速くなっています。忙しい仕事のなかで、そんな余裕さえももつことが難しくなっているかもしれません。しかも父親となれば、日本では本当に家庭から離れて仕事をしなければいけない状況にあります。いっしょに公園にいって、遠くからこどもが遊んでいるのをゆっくりずっと眺めているなんてことは、ほんとに無理！　といった様子ですね。

でも、もしそんな時間があったら、何時間とはいいません。それが一五分間であったとしても、そういう時間をちょっと意識してつくってみてください。

こどものための時間があまりないと思われる親のみなさんは、時間がちょっとあると、なにかをこどもといっしょにやろうと考えられることが多いと思います。もちろんどこかへ出かけたり、なにかをいっしょにやるのもいいのですが、そのような機会があったら、むしろ自分を引っ込めてすこし離れたところからこども自身を見るということにも意味があります。「観察」というとちょっと冷たい印象になってしまいますが、そういう意味での距離ではなくて、自分の感情や、ある種の希望のようなものから、すこし離れた場所から、こどもを観るということですね。

こどもは、今やっていることを本当に居心地よくやっているのかな？　またはどういう気持ち、気分で遊んでいるんだろう？

そういうことを感じとろうとしてみてください。もちろん本当に集中して行うのは、数分ぐらいしかできません。長い時間はできません。親の私たちは、すぐ現実の世界に戻らなければなりませんから。しかし、そういったことを、時間のすき間に、規則正しく心がけていたなら、たとえどんなに忙しくても、すこしずつすこしずつわかってくることがあるのです。

どのような人生を、彼、彼女らが歩んでいきたいのかということが。

そういうとき、もし、その彼らの目標となるものが、まったく私たちの期待している目標と違っていたら、私たちの中はすこしいらいらとしたり、なんだか嫌な気がしてくる場合があるかもしれません。それが自分の理想とちがうものだったら。そのとき私たち、教育や子育ての当事者は、大きな試練に出会っているといえます。

シュタイナー教育のおへそ

たしかに親にとってうれしいものです。自分たちのもっている価値観や生き方にこどもたちが共感し、同じような生き方をこどもも望んでしてくれたなら。親の人生はまちがっていなかったって、こどもも認めてくれるんです。親が芸術が好きだったら、音楽が好きだったら、こどもにもなにか楽器を演奏してほしい。同じ趣味をもって、そこでいっしょになにか楽しくやっていけるといいな、自分がお医者さんになりたかったから、お医者さんになってくれるといいな、ですとかね。なにか人に尽くすような仕事についてほしいな、などなど、〝親の夢〟というものがあるものです。そのように、こどもも同じ方向を向いてくれたら、親子の問題は起こりにくいかもしれませんね。実際、そういうふうにうまくいっている親子もいますから。

しかし、突然違う方向にこどもが向かっていこうとしたら、興味をもったら、どう思うでしょうか、みなさんは。

わたしのことを最初にお話ししてみます。

わたしはスポーツが全般的に嫌いです。わたし自身は、スポーツそのものと、あまりかかわりがないんです。なのに、よりによってまんなかの息子が、一三歳くらいのときでしたが、タイ式のボクサーになりたがったんです。〝最悪！〟と思いました。そういう格闘技系は、特に苦手で大嫌いな部類だったんです。わたしは息子の口からそれを聞いたとき、「絶対だめ」とすぐ言ったんですね。ほかのスポーツにしなさいって。

しかし、彼はしょっちゅうそのことを口にしました。やりたい、やりたいと。

あんまりうるさいので、わたしは夫と話をしました。

夫と話しながら、まずわたしがわかったのは、息子はまず、それがどんなものかを、ひとまず知りたいのではないか、ということです。どんなものなんだろう？　という興味、関心ですね。禁止するだけではこどもの中に圧力をかけてしまうことになります。少なくとも、ボクシングのような、なにか格闘したり対立したりすることを、今の彼は必要としているんだ、と。

彼はどこかで、タイボクシングを見たんですね。そこで「すごい」と強い印象を受けたのです。ですから私たちは、ひとまずわかったということで、夫がこどもといっしょにボクシングジムに行きました。見にいったんです。彼は結局、そこに通いはじめたんですが、二回目でやめてしまいました。おかげさまで？（笑）。でも彼にとってはどうだったんでしょうね。

ただ、少なくとも、親が、「格闘技」ときいて、ぱっと、あ、もうそんなの最悪、絶対だめ、ほかのにしなさい、と言って、もうそれを見ない、聞きたくない、という態度をとったら——実際、私は最初そのような態度をとったわけですが——こどもは、それを探すことさえもできなくなります。気の弱いこどもだったら、探すことを放棄するかもしれません。自分の内から湧き起こるものを親は歓迎しないのだと感じてしまうのです。

だからといって、すぐに、なんでもいいよ、といって全部を許しなさいというのとも違うんです。

落ち着いた気持ちから、よく考えたよ、という態度を示して、これはやはりお前にとってはよくないと思う、と伝えることは大切なんですね。そこでは親自身も自分として一度は考えるのです。よく考える。だから感情的ではありません。

ただ単に自分が嫌いだから、というそれだけの反応で、言っているのではなく、こども自身にとって、それはなにを意味するんだろう？　と少なくとも考えていますね。こどものことはなにも考えないで自分の反感から禁止したら、ただ単にそれは反感。これは私たちおとなの価値観を、こどもに覆《おお》いかぶせているだけです。彼がボクシングを辞めずにつづけて選手になる！　と宣言していたら私はどうしていたかなと思います。

と言いますのもつい最近、こんな心に残る映画を見たのです。バレリーナの養成学校のドキュメントでした。ハイレベルなバレエの学校なのですが、そこでの少年たちの生活が記録されていました。

とても才能のある八歳の男の子が登場しました。入学試験は最高の成績で入ったそうです。待望の逸材だ！　と、先生たちが期待している男の子でした。映画はもちろん、その少年にスポットをあてていたのですが、わたしは、その少年よりも、少年の親、お父さんのことがもっともっと興味深かったんです。非常に面白い人だったんです。

ベルリンにいる若い男性でした。道路工事現場で働く、私から見ればまだお兄さんといった感じの人です。左官見習いを経て、しっかりした職を手につけていました。みなさんにこのニュアンスが伝わるか自信がありませんが、彼はもう本当に〝典型的〟ドイツ人でした。〝典型的ドイツ人〟とは何かというと、とりあえずサッカーが大好き（笑）！　こどもは、ぜひサッカー選手に！　と望むお父さんだったわけです。

彼は、男性がバレエをするだとか、そういう世界とは全く違うところで生活していました。サッカーと左官業はもちろん違うけれど、いずれもたくましい仕事ですね。彼のなかにも、こどもは親から同じような職業を受け継いでゆくという昔ながらの感覚をもっていたんです。彼自身も、そのようにしてきたのかもしれません。だから、息子は、男というのは、サッカーをやるのが当然だ、しかも本当に体をたくさん動かして、少々野蛮でもいい、男は野蛮なくらいじゃないといけない、と。しかも殴り合いのけんかだとかも、自分はたくさんしてきたんだから、男ならそんなことがあったって当然だ、そんな男の世界をもった人だったんです。その息子が、よりによってバレエです。工事現場の同僚からも、馬鹿にされたりしたそうです。まわりの人たちからは、おまえの息子はそんなことをしていたら男にはなれん、と言われたと。

映画は、さらにそのお父さんにインタビューしていました。「それでもなぜあなたは、自分のお子さんをバレエのほうにいかせたのですか」と。
わたしは本当に心を動かされるような話を、そこで聞きました。父親は言いました。自分はこどもを見た、バレエをするこどもを。そしてわかったんだ、と。こどもがそれが大好きだということが。本当に見て一目瞭然《いちもくりょうぜん》だった。

「自分が望むことが重要ではなく、そのこどもにとってなにが重要かが大切なんだ」

と彼は言いました。
わたしは思いました。彼はシュタイナー教育の〝おへそ〟を理解していると。もちろん、彼はシュタイナー教育なんて、ちっとも知らない、興味もない。要らぬお世話。でも、彼はシュタイナー教育を理解している、とわたしは思いました。

〈手放すということ〉

ルドルフ・シュタイナーはある教育講座で、非常に難しい内容を私たちに投げかけています。それは、「親が自分を否定するべきだ」という表現です。こどもの教育のために自分を否定する、ないようにする、というなぞめいた言葉です。

シュタイナーは、『自由への教育』という本を書いています。自分自身に依る（由る）――外側のなにかに頼らず、こどもが自分の内側から湧き起こるものを使って生きてゆく――ことを応援しようというのです。しかし本当に自由が現実になっていくとき、わたしは、わたし自身も含めたたくさんの親たちが、わが子とのあいだで、大きな問題をもつことを体験してきました。

一日の、日常の時間では問題ではないわけです。しかし、ある父親なり母親が、心の中ではこどもの人生にあるプランをもっている。それはなんとなく、こどもに伝わってゆきます。

それを本当に手放す、ということ。

その部分については、こどもに全く自由にさせる。自由に自分の道を探していい、と。生きたいように生きてごらん、と。でもそれは、たくさんの親にとってものすごくたいへんなことだと、シュタイナーは言っているわけですね。

たとえばバレエの話にでてくる、あの父親はできました。こどもを自由にさせるのは、どんな親でももちろん心配なわけです。恐怖といってすらいいでしょう。いったいどうなっていくんだろう?、そんなことをしてしまったら……。親としての立場からも、わたしは理解できます、本当に親が心配になるってことを。自分のまったく知らない方向にこどもがすすんでいくのは彼にとってはいいことなのか、安定することなのか、わかりません。しかし、それでも親がもっている自分の期待を手放してゆく、離れていくということですね。

子育てとは、親でも教師でも、彼ら自身の中に生きているものをこどもの中に受け継がせようとすることではなく、教育を通して、世界に新たなものをもたらすことなんだとシュタイナーは考えていたわけです。

とはいえ、混乱しやすい部分でもありますね。

親が自分を否定する、ということは、こどもがやりたいことをやりたい放題にさせよう、ということではないわけです。だからといって、こどもになんでも、はいはいといって、なんでもさせて、まるでこどもを王様や王女様のように家で扱うことを言っているわけではこれっぽっちもありません。

シュタイナーはこんなふうに言います。

「私たち教育者の課題は、こどもたちの目の前にある石や、そして木や、さまざまな障害を取り除いてあげることだ」と。石というのは、ある意味では、ひとりのこどもがそのことでつまずいてしまう〝怠け者という石〟だとか、〝嘘つきという石〟だとか、そういうものかもしれません。彼らが自分であることにくじけてしまう、不信のもとになるものを、おとなが、よく見るということです。表面的に、世の中で〝よくないとされている〟怠けや嘘を叱って取り除けばいいというものではなくて、もっと大きな取り組みになると思います。

つまり、親が自分をなくすべきだ、とは、親が自分を失って、まるでこどもに髪を振り乱して尽くすということでは全くありません。それはむしろ反対ですね。

そうではなく、私たちの生き方の価値観や、私たちの人生の目標や職業や、それらのものを手放せ、ということ。手放すのですから、しゃかりきになってやる、というのとは、ちょっとちがうのでしょう。親もまた、こどもを通して〝自己実現〟をしない強さを求められます。

自分の価値観を「手放す」ことによって、わが子がいったいどのようなものをもってなにを育てていこうとしているのかに注目することができる。これは、私たち親が客観的に、意識的にならなければ、その感覚に到達することは非常に難しいものです。無意識に、私たちは、いろんなことをやってしまうものですから。わたしはこれまでだって、なにも押しつけたことなんかないわよ、とたいがい思うものです。それは思うより、難しいです、私たち親にとっては。

なぜなら、親というものは、こどもと感情的に一体になっていますから、離れて対象化するのは非常に難しいのです。無意識に一体化しちゃってる。そこでみなさんが、その状態をイメージしやすい喩《たと》えをしてみたいと思います。

それはたとえばみなさんが、ある絵を見るときのことです。絵を見た瞬間に、みなさんはすぐに、自分に気に入るか気に入らないかという判断をなさるでしょう。もしくは、解説プレートを見て、「ああ」とわかった気になるか（笑）。しかしそのとき、みなさんには二つの異なる態度を、その絵にとることができます。

ひとつは、その絵が自分にとって気に入るか気に入らないか、という視点。これはこれでとても大切。たいがいの方は、このようなかたちで芸術に親しむでしょう。ちょっとぱっと見て、これは嫌いだ、趣味に合わない。ほかのを見よう、というふうに。絵はそれでいいことも多いかもしれない。

さて、その絵をこどもの喩えだと思って、考えてみてください。みなさんにはこどもの日々のふるまいが目に入りますね。あることを好んでやっていたりする。それは、親としての自分には興味がない、興味がないばかりか、悪趣味だ、と思っている、自分としては、あまりそちらのほうにこどもをもっていかせたくない、なにか嫌な感じがするから、もうやめなさいとぱっと言いたくなる。自分の価値観と同じものを与えようとする。

そこで、気に入らない、美しい、醜いというところで、ぱっと決めるのではなく、まず「よく見る」。そして自分の感情をすこし落ち着かせるということを学ぶのです。

そうすれば今まで自分が見えてこなかった部分が、どんどんどんどんその絵の中から現れてくる。見えてきます。このような内的な姿勢を通して、そしてそれをすこしでも練習していけば、私たちはこどものためになにが必要かがだんだんわかってくるでしょう。ただ、ぱっと見て、いいとかだめとか言うんじゃなくて。

もちろん、日常生活の中でそれができるのはとてもわずかな瞬間かもしれませんね。私たちは、こどものなかでなにが起こっているのか、自分の趣味や感情を抑えて眺めやることはなかなかありません。日常のなかでは、なんだか時間がなくて。

ではどんなときに、彼や彼女のことを、よく見ることになるでしょう?それは、こどもがなにかとんでもないことをしたときだったりします。そのとき初めて、いったい自分のこどもになにが起こっているんだろう?と親は考えるわけです。だれかを突き飛ばしたとか、なにかを盗んだらしい、というときに。そしてとたんにあわててしまうものですが、本当は、それはいつも見ようとしていれば、見えたことかもしれないのですね。

そういうことでもないかぎり、なかなか考えないものです。いえ、そういうことがあってさえも、起こっていることだけを叱って、それ以上考えないこともあるでしょう。そうしたら、またこどもは同じことをするかもしれませんね。それは一種のメッセージであることも多いからですね。

そんなふうに考えると、こどもが私たちに対して、なにか問題を起こすのは、ある意味では彼らに感謝できることなのかもしれません。彼らはそのように反発することを通して、「本当の自分」を見てほしい、そして親とは異なる人間として認めてほしい、と私たちに意識せずとも訴えかけているからです。自分の考えや価値観を、覆いかぶせてコントロールしないでほしいと。

私たちが自分たちに働きかけながら、私たちの価値観や見えないプランや願望を手放していくということ。こどもの人生を〝手段〟にしないということ。こうでなくちゃ愛さないよ、ということではない。それはどんなことかというと、わが子を自分たちと同じもの」にしないということです。

だからこそ、私たちおとなは、自分は自分であるという自分に戻れる場所をもっていたいですね。私たちがしっかり自分で立っていることが、こどもにとってても大切です。「自由」はおとなになった私たちの宿題でもあります。

こどもの、本当に心からの要求は、自分であっていい、という安心です。「自分であること」が親をがっかりさせないんだ、と。

安心できるということは、私たち親や教師がこどもに事細かく、なにをしたらいいのか考えることではないのですね。

それによってこどもが、ああ大丈夫なんだ、わたしはわたしであっていいんだ、というふうに思えたら、初めてそのこどもは生き生きとして駆け出してゆくでしょう。

4

パパの気持ち？

夫・パートナーとのコミュニケーション

気持ちをまっすぐ伝えるヒント

夫、またはパートナーは、本来、おたがいからいろんなことを学びあう関係ですね。そして、こどもに対しても、いいことも、悪いことも、わかちあって、力をだしあえる心強い存在であるはずです。

こどもにとっては、自分のほうに本当に向き合ってくれる人がいればいいわけですから、それは母親でも父親でもいい。さらに言えば、お母さんからだけでもなく、お父さんからだけでもない、二人の関係そのものが、こどもにとっての環境です。

しかし、日本のお母さん方からいただいた、たくさんの質問をみると、お母さんたちが、家族の日常のなかで、あまりに多くの負担をひとりで背負いすぎていると感じます。そうではないでしょうか。わたしは、そのように日本のお母さんの状況を理解していますが、いかがでしょうか。特に子育てや教育にかんしては、お母さんひとりが担っていることが多すぎる、そんな印象を受けます。

ドイツと大きく異なるのは、やはりパートナーの存在かなと思います。男性が、育児や子育てに関心をもっています。関心をもつ時間があるんですね。会社の人とお酒を飲むことはまずありませんので、夕方頃には帰ってきて、夜は奥さんとすごす習慣があります。いっしょにお酒を飲んで、くつろいだり。やっぱり、ここでもだんなさん自身も、会社の役割だとか、そういうことではなくて、自分に戻る時間なのかもしれません。そういうところで、お母さんも、「お母さん」という場所をすこし降りて、いろんな話をしたりできるように思います。

シングルの方については、すこしですが、次の章でお話ししたいと思っています。

というわけで日本では、シングルマザーでなかったとしても、結局自分ひとりでこどもを育てなければならないという状況の人がたくさんいるようです。そういうお母さんたちは、最初の章でお話したように、どこかで自分自身へのエネルギーを補わなければなりませんね。しかも、まわりの他の人たちが、「さあ、なにか手伝えることはない？」と、自分からすすんで助けてくれるのでなければ、こちらから「助けてよ」と他の人に向かって伝えていくことはなかなか難しいのです。強制してもできません。

パートナーと話し合って、なにか紙に「一週間のうちに、数時間こどもと向き合う時間をつくります」と書かせたとしてもですよ、それを実際に彼が心からやりたいと思っているのでなければ、なかなか実現しないものです。彼にとってその紙は、たんなる苦痛になってしまうのでしょうから。

ではいったい、どうしたらよいのでしょう。すべてを解決する魔法のような処方箋では決してないのですが、まず、夫婦のちょっとした会話のありように焦点をあててみましょう。

みなさんは、しんどいときにパートナーに、自分の気持ちをうまく伝えられていますか。特に、なにかすこしでも手伝ってほしい、助けてほしいということを伝えるのは、意外と難しいんですね。すぐけんかになっちゃったり（笑）。そういうときは、こちらも疲れていることが多いので、つい感情的になってしまうからです。でも本当は、そんな、けんかをしたいわけではなかったということがよくあるものです。そして、相手のふるまいへの不満だけが残ってしまうわけです。

これは本当にちょっとしたアドバイスといったことなんですが、夫婦のあいだで話すときに、みなさんは「自分がどのように感じているか」ということを中心にして話すように意識してみると効果的です。

よくやってしまうのは、相手がどうだ、と、相手を主語にしてしまうこと。


あなたってほんとにだらしないのね。

あなたはテレビばかり見てるけど、もっと話を聞くべきだと思う。

あなただって日曜日くらい、面倒みてよ。

あなたも片付けくらいして当然でしょう?

あなたは、絶対にいい父親とは言えないわ。


といった調子になりやすい。

そんなふうに言ってしまうと、みなさんはある「境界」を越えてしまうのです。彼の領域に入り込んでしまうのです。

でも、どの人間も、自分のことについては話せます。その権利はある。

他人を強制することはできないけれど、自分のことについて言うことはできる。

わたしは、いつも家でひとりなので、ときどき異常にさびしくなる。
わたしは、どこで休んでいいのかわからなくて、とても疲れてる。
わたしは、こどもが父親のことをあまり知らない気がして、心配になる。

この二つの言い方の違いがみなさんはおわかりになるでしょうか。

最初の場合は、直接的であれ、間接的であれ、みなさんは相手に要求していますね。要求されたら相手は言います。
「ストップ、待って。そのことについては、自分は自分で考える（あなたに指示されることじゃない）」

嘆くように、感情的に相手に訴えるように、責めるように言うと、みなさんが反対の立場だったらどうでしょう？　責めるように言われたら、やはり押しのけたいような気持ちになりますよね。それを言うひとに対して。嘆かれたりすると、やっぱりなにか、イヤだなあという気持ちになる。

しかし、もう一つの言い方は、みなさんは、自分のおかれている状況だけをいいます。すると、聞いている相手は自由になれるんですね。

自分は、相手の困った状態に対して、なにができるだろうかな、と考える余裕、自由な空間を相手のなかにつくれるわけです。

最初の言い方ですと、反対に自分の空間を奪いとられる感じがするでしょう。なにか、息苦しくなりますね。かえって動けなくなる感じがします。

というわけで「自分の状況を言う」ようにすると、話をする空間ができます。あっというまに言い合いになる、ことは少なくとも避けられる

（笑）。ときにはそうやって噴火することも大切ですけど。

とはいえ、それを言うときは、これはしっかり言わなければなりませんね。

だんなさんが、みなさんのおでこに、見えない「助けてよ」といった信号を読み取ったりはできませんから、みなさんはしんどくてもやはり言葉を必要とします。言わなければならないんですね。察して欲しいけど、なかなか残念ながらそうはいかないのです。


まず、ちゃんと相手が、その言葉を受けとってくれるかどうかの前に、自分の気持ち、本当の願いを言う権利をもっている、ということが大切なんですよ。自分に伝えてください。その権利がある、と。それは本当にそうなんです。そのことを信頼してください。相手が理想的にすぐ受けとってくれなかったとしても、あなたにはそれを伝える権利があるのです。

そこになにか自信がないと、なにかわがままを言っているんじゃないかという気持ちがしてきたりして、けっきょく感情的にわめくようなことになってしまいがちです。たしかに、言葉にしたからといって、相手がすぐ聞いてくれるわけではありません。そんなにすぐきれいに伝わるとはかぎらないので、せっかく言葉にしたのに、と悲しくなるかもしれません。まず、今おかれている状況を、描写するように相手に伝えてみると伝わりやすくなります。伝えることは決して簡単ではないから、すぐくじけないでくださいね。

くりかえしになりますが、まず、自分のこころの内側で、自分の思っていることを口にするのは正しいんだ、その権利があるんだ、と信頼する。それはエゴからでなく、自分は、今背負っているものを軽くする権利があるということを、しっかり胸の中で確認してあげてください。

そうすれば、みなさんは嘆く、愚痴をいう、という曖昧な状態から自分を解放できます。自由になれる。そのことについて感情を使わずに話す余裕、空間が生まれてくるでしょう。

こんなふうに親同士、パートナーで話し合うということも、練習が必要なんだと思います。すぐにはできなくても、だんだんに改善するということができるでしょう。相手はもうわかってくれないんだ、と思って、コミュニケーションをそもそも諦めてしまうということになりがちですけれどね。

パートナーだけでなく、このような気持ちや意思の伝え方は、こどもが一〇代、思春期になったときにも必要になってきます。ここでもう一例あげてみます。パートナーでなく、ティーンエイジャーの息子との関係ですけれど。同じことがいえるのですね。

ティーンエイジャーの男の子というのは、もうちょっと信じられないくらいに部屋を散らかしまくります。わたしが一日中働いて帰ってきたら、リビングが、もうこーんなに散らかっている。

「もう最悪。なんてことなの!! だれも片づけないで！
またお母さんがやらないといけないの!!」

すこし大きなお子さんがいらっしゃる方は、きっとこの状況をよくご存じですね（笑）。このわたしの嘆きを阻止したのは、やはりまんなかの息子でした。部屋が散らかっているのを嘆くわたしにたいして、息子は言ったんです。彼はもう私より、ずっと背が高いんですけど。

「わかったよわかったよ、お母さん。そんなに怒らなくってもさ」

と笑いながら言ったんです！　もう、わたしは怒りに火がついて怒りまくりました（笑）。そして気づいたんです。
これじゃあだめだ。ちがうように話さないと。

あんなにわたしは絶望的な気持ちになって言ったのに、彼らはまじめにうけとってくれなかった。いっしょに笑っただけだった。ばかにしただけだった。やっぱり感情的になっているときに、〝教育的なこと〟はちっとも通用しない、ともわかりました。
それで、その後、別のときに、私は座って、落ち着いてこどもたちに言ったんです。

「このような重荷を、全部私に預けないでほしい、家族全体がしっかり日常生活をつづけていくなかで、なにがあなたにもできるのか、提案してください。」

そのように息子とわたしは話をしました。彼らは、やり方がわたしとまったく違うので、私が考えるのとは違う、まったく違う仕方で関わりはじめました。彼らは初めて自分で考えはじめたんです。

わたしが嘆いたときは、ぜんぜんまじめに受けとってくれなかった。ただ彼らにとって愉快なだけでした（笑）。

ですから、みなさんが、だれかになにかを望むとき、要求したい場合は、みなさんのなかにある、本当の真剣さを伝えなければなりません。まじめな話なんだ、と。

しかし同時に、相手に自由な空間、余裕を与え、向こうから提案をしてもらうことを伝えてください。向こうからアイデアを出してもらうということですね。

真剣さと、相手に自由を与えるということです。

さて、みなさんの努力のかいあって幸いにもだんなさんが、なにかにちょっと意欲をもって、お皿を洗おうかな、とか、こどもとちょっと出かけてくるよ、なんて言い出したとき、少しご注意願いたいことがありますので、経験者としてお話しておきますね。

父親が子育てにやる気をだして、イニシアティブをもってなにかをやろうとしているときは、奥さんは、それに口を出さないのが秘訣《ひけつ》です。家庭の子育てにおいては、現代の、特に日本では母親のほうがチーフ、育てる立場にありますから（笑）。小さな意欲の芽を、大事に育ててください。

だからこそ、だんなさんの気持ちになって考えてみてください。

チーフとして、夫にもっと子育てに関わってほしいと思っている。でもやり方も、自分と同じようにしてね、と言われたら、やる気がなくなってしまいます。やはりこの場合でも、「このように、このようにやるように」とは言わないで、お父さんがお父さん自身として、自由にのびのびできる空間をつくってあげることが必要なわけです。違うやり方を受け入れるということですね。

もちろん、だんなさんがこどもにやることが、お母さんから見て理想的でないかもしれないから、問題なわけです。お皿洗いならまだいいけれど、こどもを相手にしているときは見ていられない。でも私たちもやっぱり、立場が変われば同じですね。なにか違うやり方をしたら、飛んで来て、「そのおまえのやり方はだめだ、これはこうするんだ、それはだめだ」なんて言われたら、「そんなに言うんだったら、あなたがひとりでやってよ」ということになるでしょう。

だんなさんが、頼んだものとは少々違うものを買ってきても、こどもを自分とは違う方針で導こうとしていても、つくってくれたごはんがとびきりまずくても、尊敬の念をもってまずは「受け入れる」、ということです。おいしいおいしいと言って食べてみてください。ごはんが本当においしいかどうかは、ご本人が自分でわかるでしょう。そうでないと、パートナーは、やっぱりもうやらない、と引っ込んでしまうでしょう。

本当に、相手のやり方を受け入れたら、だんなさんは自由になれます。そして本当にその領域で、「自分としてなにができるかな」という気持ちがもっともっと湧いてくるでしょう。受け入れ、彼らがやることを信頼する、ということを通して、相手、父親のモチベーションも高まるはずです。

ですから、まず父親がなにかをやろうとしているときには寛大になって彼を信頼するということが、新たな信頼を生むきっかけになります。その信頼が、みなさんの考えを彼らが受けとる空間を少しずつつくってくれるでしょう。

こどもにとって〝最悪〟なのは、なんでしょうか。それは親同士が教育方針でけんかをしている場面だと思います。

「なぜまたこんなお菓子買わせたの⁉」「ずっとテレビ見せてたの？」

と、お母さんがこどもの前でお父さんを〝ののしって〟いる（笑）。これはこどもにはよくないと思うんです。こどものいないときに、二人で話し合うことは時に必要でしょう。でも、そこでよく起きてしまうまちがい、問題は、方針の違いが〝権力争い〟になってしまう、ということ。力の強いほうの意見に統一しようとすることです。

両親が、全く違う方針をもっていても、それ自体はこどもにとっては大丈夫なんだとわたしは思っています。夫婦の関係で、こころで内側から受け入れあっている、尊敬しあっている、口で言うのではない、本当にそう思っているという状態があれば、こどもにとっては大丈夫です。問題ではありません。こどもは知っています。人間というのは違うんだということを。

ですから、大きな教育方針がどうしても異なる、となった場合は、どちらかがどちらかにゆだねる、という選択肢があると思います。それは、意見を変えて同じにするということを意味しません。方針は相手とは異なるけれど、これについては、パートナーを信頼して託す、ということです。こちらの方が正しいからそうする、ということではなく、信頼して、ゆだねるのです。

もしそれができずに、方針の違いからしょっちゅうけんかが起こるようでしたら、問題になっている方針そのものよりも、争わない、という方針を優先してください。どんなに「よい教育」を与えたとしても、その手前の家庭で、根本的な不一致が起こるなら、根っこの方に問題が生じると思うのです。より大切なことをいつも優先するという原則をこころに留めておいてください。

ほとんど家にいないとしても

さて、この夫という存在は、あたりまえですけれど、こどもから見ればお父さんです。

お母さんにとっては、夫が、家にほとんどいないという状態は、本当になんとかしたい問題です。お母さん自身にとっても、それはたいへんきつい状況だからです。

ただ、こどもにとっては、どちらか一方でも、そのような向き合ってくれる落ち着くおとながいるというだけで、ほんとに大きな支えになります。

お母さんだけではできないことを、なんらかのかたちでお父さんができるかもしれない。

いつも出張だとか、残業ばかりでとにかく忙しいといった父親についても同じことが言えます。こどもが、父親と内的につながれるかどうかは、こどもといる短い時間であっても、時間の長さではなく父親がこどもに全身で向かっているかどうか、という質がカギになります。ですから、なんらかの事情で、お父さんがどうしても家にいられない、という家庭だったときは、そういう発想も意味があるのではないかと思います。シングルペアレントのご家庭については少しですが次の章で考えます。

しかし、いずれにしても、次のことをお父さんには知っておいてほしいのです。

お父さんという存在は、こどもに必要とされているということです。そしてお母さんにはできないことがあるということ。会社にだけ必要とされているわけではないということ。特に、小学校にあがったこどもにとっては、父親という存在、その姿は大切なんです。お母さんから、ぜひ伝えていただきたいことです。

〇歳から七歳のあいだは、だれかひとりの人間が必要だ、といいました。しかし、学校にあがると、特に男の子の場合は、男性の見本、お手本が必要です。

今、なぜ女の子より、男の子のほうが育つのが難しいのかというひとつの理由に、この見本になる男性が社会、会社に、〝吸い込まれて〟いなくなっちゃったという現実があるのではないかと私は思っています。

女性は愛情を伝えることはできますが、男の子に向かって「男」の見本になることはできません。もちろん、女性のなかに、男性と同じように社会で働いている人はたくさんいますが、男性という見本を自分のこどもに示すことはできないですね。

もちろん、むかしのように男女の違い、区別は明確でなくなりました。現在の男性は、むかしの頑固な男性とは変わってきています。本当にこどもを育てることができる、こどもと繊細な関係をもてる男性が現れてきている。現在の男女関係は、変わってきています。

しかし、育ち行くこどもの特別な年齢においては、男と女の違いを体験させてあげることは大切だ、ということを、ここで申し上げたいのです。

すこし前までは、それほど問題ではありませんでした。

見本、お手本としての男性を、男の子たちが見るということは難しくなかった。こどもの近くで男性がたくさん働いていました。すごいなあ、あんなことをしている！　あんなこともできるんだ！　と尊敬して見る機会がありました。自分にもいつかできるかもしれない、という仕事の過程を体験できました。自分が、これからどんなふうになってゆきたいか、こどもなりのイメージをもつことができたわけです。これが大切なんです。シュタイナー教育自体は、男と女でやることを区別しません。男の子だって編み物をするし、社会的な意味で、男らしく、女らしくといったことを言っているわけではないんですね。

今、どこに自分の父親が毎日行っているのかということは、まるでヴェールに包まれているようです。特に小さな子、小学校の低学年の子に、「お父さんは、会社で働いているのよ」と伝えても、こどもにとってはとても抽象的でなんだかわからないのです。ぴんとこないんです。

多くの場合、こどもは父親を、朝でかけてゆくときの姿と疲れて帰ってくる姿としてしか体験できません。〝悲劇〟は、父親たちが、仕事で疲れ果てて帰ってくることです。もうへとへとになって彼らが帰ってきたとしてもこどもは、父親の仕事をまったく体験してはいません。こどもが体験しているのは、どっと疲れて帰ってきて、テレビや新聞をみている、ひからびているお父さん、だったりしませんか？　お父さんには悪いけれど、想像してみてください。いったい、どのような見本が、こどもたちの前に座っているのか、ということを（笑）。お父さんがなにをする人なのか、ということが実感しにくいと思います。

たとえば、父親が、なんらかのかたちでなにかをいっしょにやってくれる体験がもてたらいいですね。お父さんは、手先が器用でなんでもできるんだな！　と実感できる日曜大工ですとか具体的なことです。お父さんが家で働く機会はずいぶん少なくなってしまいましたから。お父さんは、自分たち家族といっしょになにかに取り組んでくれるんだ、という実感。そういう場所、機会を意識的に作っていくことに意味があるのではないかなと思います。

同じじゃなくても大丈夫

こどももだんなさんも、本当に自分と違う、人間なんですね。夫は、もう本当に〝赤の他人〟だったわけですから、過去の経験なども含めて、とりわけ異なっています。この異なる、ということは、夫、パートナーのあいだで大きくて大切なテーマなのだと思います。

夫、パートナーとのあいだでも、私たちはなにかをいっしょにやる、パートナーもいっしょにやるということを期待しますよね。最初の章でお話したような、自分がリラックスできるいろんなことを、パートナーとシェアしたいと思うのは、ごく自然な気持ちです。もしそのような方向性が、ぴったりいっしょ、ということがあったなら、それはラッキーですね。でもそれが違うとなっても、そんなに悲しまないでください。だって、私たちは違うんですから。

あまりいっしょにやろうとしないということも、時に必要なんだという話です。そうでないと、そこでもまた争いがやってくるわけです。対立が。でも、この対立を通して、すこしずつ私たちは「個」というもの、個性というものを真剣に受け止めるようになるのかもしれませんね。

たとえば、ある人間が音楽の中に、自分の心地よさを見つけることができる。だからといって、それをだんなさんにも要求するということはできないんです。もちろん音楽は好きかもしれませんけれども、自分と同じようなかたちで音楽から幸福は得ないでしょう。

パートナーにとっては全く違うものが必要かもしれません。

仕事などでいらいらして、とにかく落ち着きを求めている人は、パートナーがリラックスするからという理由で、忙しくお花の世話をしたりすること自体が理解できない場合もあります。

わたしの夫は家に帰ってきたら、夜、とにかく落ち着きたいんですね。もう、ほっとしたい。

一方わたしのリラックスは、外に出て、小さな庭があるんですが、そこで草花なんかをいろいろ考えながらいじることなんです。わたしにとってそれはよろこびなんですね。ガーデニングを、仕事だとはこれっぽっちも思っていません。

なのに彼は、まるで自分が責められるように感じるわけです。なにか、いっしょに手伝わなければならないんじゃないかという気がするみたいで、くつろいで座っているのが悪いことをしているんじゃないかと、もじもじと落ち着きがなくなるんです。

わたしはそれを理解するのに、長い時間を必要としました。

彼は「もう座れよ」、と言うんです。「もう働くのはやめろよ」と。

でも、わたしにとっては仕事でもなんでもない。反対に、たのしみでやっているんですから、なんでそんなこと言うの⁉ と思ったわけです。

さて、これは、本当に「話し合う」ことが、必要な場面なんですよね。そうでないと、ずっといつまでも、おたがい意味がわかりません。

わたしは言ったわけです。

「わたしにとってはもう重荷でもなんでもない、しかもあなたを否定しよう、責めようと思ってやってるんじゃないわよ。しかも手伝ってくれなんて、ほんとに〝これっぽっちも〟思ってない。座っててよ、のんびり。」

しかし、それをそうやって話し合わないと、やはり問題がもやもやと出てくるわけですね、夫婦のあいだで。ですから、おたがいのそれらの違いを確認しあうということは、重要です。

〈異なるということ〉

しかもそういう、異なるパートナーとのあいだでの取り組みは、こどもの前で多様な世界を開きます。

こんなふうにもリラックスできるのか、あんなふうにもリラックスできるのかというふうに。人は、時に正反対にすら見える異なることを通して、同じよろこびを経験することができるんだな、と。この経験は、きっとすばらしいことなんです。

ということは、パートナーが、おたがいの違いを受け入れあえばあうほど、しかもそれぞれが意識をもって、どれだけ人間というものは個々全く違っているのかということに驚きをもちながら、それぞれのことをすればするほど、私たちのこどもに対する目も、広がっていきます。こどもだって、自分とぜんぜんちがう、全く異なった世界を生きるかもしれない、ということが予感できます。

こどもも学校にあがったら、人間というものへの視野が、もっともっと広がっていきますね。小さな家庭を出て行きます。そして、いろんな人たちがいるんだな、と。クラスの中でさまざまな能力、またはさまざまな気質の違いという人間の多様さを学んでいきます。

そこで大きな大きな助けになるのは、異なるものに対して、そのような愛情をもった目をそそぐ、お母さん、お父さんの存在です。それはこども自身にとっても、力になるでしょう。なぜなら多様な人との出会いに開かれているほど、こどもの中にある多様な面が引き出される可能性が大きくなっていきます。抑圧しなくていいさまざまな可能性が現れ、個のありようがくっきりしてくるでしょう。

異なることを受けいれ、相手の空間をつくると、それぞれの違いが価値へと変わってゆくでしょう。

ですから、私たちは、自分の内側で本当に「自分」というものをもつことを通して、夫やパートナーとの関係を築くことができます。そしてこどもに安心して育っていける環境を伝えていけるのだと思うのです。

5
地域・親のネットワーク
新しい子育ての関係をつむぐ

子育て環境を編みなおす

子育てや教育の問題が、とにかくお母さんに集中しすぎている。本当は社会全体、おとな全体のことなのに、それが、お母さんひとりの問題のように言われてしまうという現実がありますね。はがゆいです。みんなが知らんぷりしている問題がたくさんあります。なんとかしなくてはなりません。

小さなこどもにとって必要なことは、おばあちゃんでもいい、もちろんお父さんでもいい、とにかく「だれかがいる」ということです。もうお母さんが限界だ、となったとき、固定観念を外して、それを変わってくれるおとなはいないだろうか、と探す必要が生まれます。親や親戚だけでなくて、友人ですとかも含めて、もっと大きな広がりもあるでしょう。

外の仕事でも、重荷を背負っている方がたくさんいらっしゃいます。そのプレッシャーを取り除いてあげなければならないわけです。おたがい助け合う、ということですね。

これまでは、家族のなかに、こどもを育てる機能がもっとあったんですね。クラシックな意味で、大家族だったら、お母さんだけが子育てをする、ということにはそもそもなりません。お母さん自身も、嫌なことがたまったら、それをだれかに話したり相談したりできたでしょうし、なにより、密室でこどもとにらめっこということもありません。こどもだって、お母さんに腹がたったら、別のおとなのところにいって、機嫌をなおしてもらったりもできましたよね。

でも今は、「家族」とひとくちで言っても、本当にいろいろなかたちがありますね。とても多様です。

一方においては古典的なファミリーですね。お父さんとお母さんがいて、たくさんの兄弟がいる。少なくなってきましたが。ニュルンベルクのシュタイナー学校のわたしのクラスには、八人兄弟と六人兄弟の家族がいます。ドイツでも非常に珍しくなりました。彼らは、家族のなかで、放っておいてもいろんなことを経験して、社会性を身につけてゆきます。お母さんは、家事やなんかでたいへんでしょうけれど、悩む余裕なんてないかもしれません。

その一方、わたしのクラスではたくさんの家がシングルペアレントです。しかもひとりっこという、ドイツに増えているパターンです。

シュタイナー学校では、七歳から八年間、同じクラスの担任を受けもつのですが、その八年のあいだに九家族が離婚しました。つまり九人の生徒が八年のあいだに、家族がバラバラになっていくのを体験したわけです。

その様子は、それぞれ本当に異なっていました。

ある家庭では、離婚のプロセスで、よりおたがいが理解して、和解して、離れてゆきました。こどもを傷つけないよう、おたがい配慮していたケースがある。そして一方では、もう夫婦がどうにもならなくなって、たくさん争って、あいだでこどもが不安になっているという厳しいケースもありました。そういう二つの対極がありました。これもまた、現代の現実です。

ですからパッチワーク・ファミリーも増えてきています。というのは、こどものいるシングル同士が、またいっしょにファミリーを作るということですね。当然増えますよね。ということは、突然兄弟ができるという場合があるわけです。またこれは、こどもにとってたいへんなことですね。おとなにも、未経験のことがいろいろある。思いがけないことでしょう。

こんな様子がとてもリアルな現代の家族ですから、一口に家族、といっても、本当にひとつには限定できない。

ですから、私たちは、この新しい状況をふまえたうえで、子育ての環境というものを、リアルに新しくつくっていく、という意識が必要になるわけですね。なにが大切なことなのかがわかっていれば、それがヒントになるでしょう。もちろんなにか、嘆くようなことではなくて。新しい経験をつくりだせるはずです。

たとえば、本当は兄弟、姉妹がたくさんいたらいいんだけど、と思っていても、なかなかそうできない現実があるという方がたくさんいらっしゃるようです。ひとりっこの悩み、というのをいくつか日本でも伺いました。おとなとして、親として、この兄弟がいないということは、どんなかたちで別の経験で補ってゆけるだろうか、ということでした。今は、かなり多くの家庭がひとりっこですね。むしろ一般的といえそうです。

最初にはっきり言える大事なことがあります。それは、おとなとしての私たちは、こどもの兄弟、姉妹の代わりにはなれないということです。親は親という役割でしかないということが、まず言えます。

わたしのこどもは、わたしと遊ぶのが大好きでした。たとえば、わたしは人形の声をやるのが得意でした。娘も別の人形をつかって、その声で、わいわいお話しします。二人で、人形劇をするんです。わたしもこの遊びを彼女とするのが大好きだったから、よくやっていたんですね。でも、その遊びでは、わたしがかなり導いていました、こどもと息を合わせながら。

でも、親がその遊びを止める、もう止めさせる権利をもっていること自体、もう友達のような同等な関係ではないんだということが明らかにわかります、こどもには。ある意味では、そこでの関係は人工的なものなのです。

みなさんがこどもと遊ぶこと自体は、もちろんいいことですよね。でもこどもが、そこで、自分との遊びを通して社会性を学ぶわけではないということ。だからわたしは、確認しなければいけなかったわけです、常に。こどもはそこからは社会性は学ばないということを。

それはもちろん、すばらしい愉しい時間です。しかし、こどもがほかの友達と遊ぶという代わりにはならないということです。こどもにはこどもが必要なんですね。

ひとりっこのお母さんが面談をして、驚かれることがあります。彼女がこどもといっしょに遊んでいるときは、本当におとなしくて、かわいい、ほんとにやさしい子だ、と思ってる。それも本当なんですけれど、学校で同い年の友達と遊ぶと、ぜんぜん違う一面がでてくるということがあるんですね。単純に、人と遊ぶことに慣れていないのかもしれません。

おとなとしての私たちは、こどもにいつのまにか自然に合わせているんですね。そういう能力を、おとなとしてもってるわけです。いろんなタイミングですとかを。おとながテンポや欲求に合わせるなかで遊ぶことに慣れているこどもは、同い年のこどもが来たときに戸惑います。たとえばおもちゃが自分一人のものじゃないということが、〝大問題〟になってくるわけです。そういうことが幼稚園や学校に来て、初めてわかるんです。

ですから、できるだけ早いうちから、いろんなこどものいる環境に置いてあげるということは、大切なことだということがわかります。そこで、さらに必要なのは、私たちがしっかりとこどもから離れるということ。こどもと距離をおく、ということも学ぶわけです。

ひとりっこのみなさんの家だけでなく、先進国といわれる世界では、みんなこういう環境が必要になってるんだということがわかってきました。共通の課題なんですね。

そこでたとえば、これまでは、お母さんが働いているあいだ、こどもがすごす場所ということで、学童というものがありました。ニュルンベルクのシュタイナー学校にも、学童が用意されています。

でもここでは、以前のように、こどもがだれも見てくれる人がいないから来るのではなくて、ほかの友達がいるから学童に行く、というふうに変わってきました。三〇年前、わたしがニュルンベルクの学校で教え始めたときには、この学童はありませんでした。

今はお母さんが外で働いていてもいなくても、兄弟がいない子が学童にやってくるというようになっている。こどもたちが「行きたい」って言うわけです。

こどもにとっては非常に愉しい環境になります。なぜなら、兄弟みたいな関係が、その学童でできるからです。学童では、いつも同じこどもたちと出会います。そこで小さなグループで遊び、いっしょにどこかにでかけたりできる。むかしの家族のような雰囲気が生まれてくるわけです。新しい経験ですね。

同じ年頃の子といっしょに騒いだり、ふざけたりすると、学ばなければいけません。どうしたら本当に仲直りしたり、わかりあっていけるのかというバランスを、彼らは見つけていかなければなりません。はしゃいだり、また楽しくなったり、またはすこし静かになったり慎重になったり。

関わることの痛みと恐れ

こういうこどもの世界は、もう親の手の届かない世界になってきますね。理想通りにはゆきません。また体験させたくない悲しみや恐れを、こどもはお母さんの知らないところでたくさん知るかもしれません。そのことを、なかなか受け入れられないで悩む人もおられるでしょう。

ちょっと極端なんですけれど、わたしの友達に、とんでもなく高い教育の理想をもっている人がいます。シングルペアレントとして、頑張って育てている。彼女は、栄養だとか、遊ぶおもちゃのことだとかを一生懸命考えたんです、こどもにとってなにが大切かを。

そしてとうとうこどもは、どこかの公立からシュタイナー学校にやってきた！（笑）

しかし、そのこどもは転校してきたときから、とっても難しかった。友達がぜんぜんできない。どうしてなんだろうと様子をみたわけです。たぶんこういうことだろうと思いました。

お母さんがもう、自分のところにこどもを囲ってしまっていたんですね。なぜって、自分のまわりにいる人たちは、自分の教育の理想にかなっていないから、というわけです。

おばあちゃんの家まで行かせなかったそうなんです。おばあちゃんは甘いものをあげてしまうから。自分はそれを望んでいない。甘いものは絶対にいけない、とその女性は思ったわけですね。もう、連れていっちゃいけない。

友達とのつきあいも同じでした。彼女は信じられないくらい観察したみたいなんです。その友達の家のおもちゃはなにか、攻撃的なこどもじゃないか、テレビがあるのか、というふうに、たいへん詳細に。

よって、どの家族も、彼女の試験にパスしなかったんです。彼女はこどもをある意味で隔離してしまったんですね、まわりの世界から。わたしは彼女の友人だったので、一生懸命彼女を説得しました、でも、彼女が到達したのは、こどもがほんとに社会性の弱い人間になってしまう、ということだったわけです。

こういう状態は、ちょっと極端ですけれど、その背後にあるのはやはり、恐怖と心配なのではないでしょうか。

恐怖というのは、こどもがもしかしたらなにかとんでもない、ひどい悪の影響を受けてしまうのではないかという怖さです。私たちにもありますね。それで、こどもの環境を、一〇〇パーセントコントロールすることに至ってしまうのです。

こどもを、私たちがコントロールできない体験の領域につれてゆく、そこで手を離すということも、やはり私たちは知らなければならないでしょう。人と関わるということは、予期せぬ出来事を引き受けるということです。それはお母さんにとっても、こどもさんにとっても、同じなんですね。「理想」に反することがたくさん起こります。でもそれが生きるということではないでしょうか。人生は、人との関わりの連続です。

その痛みを避けようとして、必死にコントロールしようとするという気持ちは、だれにでも覚えのあることだと思います。しかし、その痛みを避けると、人と関わること自体が難しくなってしまうでしょう。関わることなくして、人はそもそも生きてゆけません。つまり、人生は、そもそもコントロールできるものではないんです。

でも、「わが子」のこととなると、どうしても、そのことが受け入れがたいという気持ちになってしまうのですね。気持ちはよくわかります。多様な人の中で、コントロールをしないでこどもをすこし放してあげるということがたいへん難しくなってしまう人がいるわけです。なんだか怖いんですね。だからといって、もう放し飼いにして、なんでもしていいということを、わたしはここで言ってるわけではありません。

次のことを理解できたらいいですね。

それはたとえば、こどもたちが親友を探すんだというシンプルなこと。人と無理に友達になるなんてできません。親がなにをしようと、だれかをこどもの友達にわざわざさせるとか、そんなことはできないんですね。

こどもが自分で、自分の友達を探し出します。ですから、わたしの友人のようなコントロールは決してお勧めできない。

それは、一人一人の人間の気質とも非常にかかわっているわけですね。どのような友達をどのように探すのかということは。たくさん友達のできる子もいるでしょうし、そんなにたくさんいりません、というこどももいるでしょう。わたしがお勧めするのは、まず出会いの場を作ってあげてくださいということでした。

さて、そうは言っても、自分の見ていないところで起こっていることが時にはやっぱり心配になることはあります。たとえば、こどもがほかの友達にいじめられているみたいだ、とわかったとき。実際に悲しそうにしている様子は、本当に見ていられません、親として。

そんな、いじめられるような友達なら、もう遊ばなければいいのに、と思うのですが、なぜなんですよね、なぜかその子と遊ぶんです。ちょっと年上の子のグループにまじったりして。しかも、何回も泣きながらも、なぜかそこに向かっていく。泣きながら帰ってくるんです。しかし、次の日、また遊びに出かけてゆく。

だれだって、ちょっと思うと思うんです。もうその子のところに遊びに行くのはやめたら？　とかやめなさい、と言おうかしらと。

でも、もし彼らにそれを禁止したら、これは解決ではないだろうと思いますよね。彼らは彼らの人生を歩んでいるわけですから。

ですから、そんなときは、そこに行くな、とはいえないけれど、補う、ということはできると思うんですね。こういうことがあったときは、もう一つのほかの機会を与えてあげるということを、わたしはお勧めしてます。ほかのこどもたちがいる場所に、ちょっと遊びにいかせてみる、とか。その子が自分でたくさん友達を探せる場所ですね。

それでも、もしかしたら、そのこどもは、そのいじめられる友達との体験を自分から探しているということもあるのかもしれません。ときどきこどもは「境界」を体験したいと無意識に思って付きあうことがあるように思います。

たとえば、兄弟と育っていくこどもは、毎日愉しいだけじゃなくて、嫌なこともたくさんある。いつも愉しいわけでは、ちっともないんですよね。兄弟では、毎日けんかして、どちらかが泣かされて、というのはいつもやっていることです。そこで人間としてとても大切なことを、彼らは学んでいるでしょう。たとえば、「けんかしても世界は、終わりにはならない」ってこと。けんかのあとは、仲直りもできるってことを。そこから、おたがい、またそこでよりよい関係を作っていけることがある。と思っていたら、また次の日は、もう大嫌いと思う、そして次の日は……というように、ドラマをおたがいつづけているわけです。これは感情生活においてのトレーニングですよね。

ひとりっこは、こういった兄弟のあいだの濃厚な関係はたしかになかなか経験しないかもしれませんね。親の下で、たくさんの信頼と愛情の中で生活しています。しかし、その中で生活していたら、いったいどうやって先ほどのような「境界」の体験、なにかが壊れてしまうかもしれない、でも出かけて行こう、というようなぎりぎりの体験ができるでしょうか。だからこそ、自分から、そういう体験を探しに行く、ということがあるかもしれません。

ですから、そんなことが続いても、怖がらないでください。様子は見守りつつも心配しないで。もちろん、ずっとそのような友達のところに通っていたら、それはちょっと奇妙です。ある一定の期間、観察してみてください。よく見てください。もう十分だ、自分はこんなふうに痛い目にあいたくない、と、自分からたいがい離れていくものです。

そういうときは、よくこどものなかに起こっていることを感じ取りながら、もう一方においては新しい友達と出会える機会を作ってあげてください。常にこどもがいじめられている状態だとわかったら、よく見て、時に動くべきこともあります。そのときはより繊細に気をつけてください。

それからもうひとつ。ほかの子と自分のお子さんを比べないでくださいね、ということを付け加えたいです。

私たち母親は、ついつい友達がどれぐらいいるかとか、そういう、なんだかつまらないことで、結構わが子の価値を測ってしまったりするんですよね。たとえば、お友達が一人しかいないの？　といったことがわかると、親としては悲しくなってしまう。

しかし、こどもは、それ以上は必要ないということだってあるんです。親の価値観が、その事実を見えなくさせてしまうんですけど。それで満足かもしれないんですね。こどもは。

よく見てみてくださいね。砂場の端っこで、砂でひとりで遊ぶのが、本当に愉しい子なのかもしれないんです。だから、そんなふうにして、こどものことを遠くからちょっと見てみてくださいね。

おとなのネットワークをつくる

この章の冒頭でもお話したように、シングルの家庭は、ドイツでは、もう一般的です。わたしのクラスは半分はシングルペアレント、といってもいいくらいです。その多くは、シングルマザーが多いですから、お父さんがいないんですね。ですから、そのことは、学校でもちょっと意識しています。

自分はお父さんのいない家庭で育ったんです、という男性から相談を受けたことがありますなにか気をつけるといいことはあるんでしょうか、と。わたしは、そういうことは、ひとつのチャンスだといつも思います。

一見、欠けていると思えることは、ひっくりかえすとチャンスになります。そのお父さんご自身が、お父さんという役割を創造的に担う、創り出すことができるということです。

私たちにとって、親というのは、二つの意味があります。

一つは根っこ、です。

自分たちを支え、基盤、土台となっているものですね。こどもの成長において。

もう一方においては、親というのは、私たちを釘づけにしてしまう、しばってしまうものです。親の作用に対して、私たちはこどもとして呪縛《じゅばく》されてしまうことがある。そこから解放されなくてはなりません。でも、その彼は、父親がいないなかで育ったからこそ、今までご自分が探してきた男性像を、自分自身でつくってゆくことができるわけです。もちろん、いろいろな苦労というか、たいへんなこともあったと思うのですが、そういうチャンスもまたある、ということだと思います。

学校の教師としても、私はそういうシングルペアレントの家庭のこどものことを、もちろん意識しますね。

シュタイナー学校は、女性の教師のほうが圧倒的に多いです。そのため、わたしがなにかこどもと畑をつくるとか、お祭りをやる、といったプロジェクトをするときは、できるだけ、男の先生や父親の人が率先してやることを意識しています。肉体労働をする男性を身近にみることができるように、ということですね。

シングルペアレントとしてこどもを大きく育てた友人が、わたしのまわりにもたくさんいます。彼らに聞いてみると、こどもは男性という見本を、自分から探し始めると言っていました。伯父さんだったり、となりのおじさんや、近くのお兄さんだとか。お母さんのほうも、そのような配慮、なんらかのおとなの男性と接する機会をちょっと意識してつくるそうです。

今は、家庭もいろんな多様性がありますから、お父さんのいない子もお母さんのいない子も、なにかいろんな機会に、さまざまなおとなと接する機会を新しくつくっていけるといいですね。パートナーのいらっしゃるお母さんがたも、そういう他のこどもにとってのご自分の役割ということを、すこし意識してみることも意味のあることだと思います。

お母さんとこどもとの関係、パートナーとの関係、友達の関係……といろいろな関係のなかで、こどもは育ってゆきます。今、お母さん同士がネットワークをつくって、助け合おうとする取り組みもあちこちで芽生えていますね。お隣さんだとかの繋がりをもっと見直そうといった動きもあります。
そういう新しい繋がりやコミュニティをつくっていこうとするときに、私たちはいろいろな課題にぶつかりますね。

シュタイナー学校は、親との結びつきがとても強い学校です。親同士や、親と先生のあいだで話しあいが、頻繁《ひんぱん》にもたれます。なにかを決めるときに、みんなが集まります。公立の学校の親のみなさんからすると、ずいぶんいろいろなことを要求されると思います。話すだけでなく、校舎をつくったりもするんですよ。

そういう仕事をすすめてゆくときに、本当にここまでやる必要があるんだろうか、というくらい、じっくり話し合います。もっとかんたんに組織化できないのかという声がたびたびあがるほどです。

かんたんなのは、校長先生がいて、仕事を分担をする、あなたはこれをやるように、あなたはこれを、あなたはこれを……というように決めてしまえば、はやいはずです。多くの人にとっては、それがちょうどよいのではないかと考えるかもしれません。

しかしシュタイナーは、シュタイナー学校をつくろうという、最初の先生たちとの集まりの場で、こんなことをいっていました。「うえから、だれか一人の人が、これをやりなさい、これをやりなさいと役割を割り振るような時代はもうすぎたんだ」と。

現代の人間は、それぞれ自分自身で考えて行動する、というわけです。

実際、シュタイナー学校は、自主的な親の判断で、この学校に入れようと決めた人たちが集まった学校です。

ドイツは公立にすすませる場合、行きたい学校を選ぶことはできません。ニュルンベルクのある地域に住んでいたら、あの学校にしか行けない、というかたちになっています。つまり親にとっても先生にとっても、自分の意志で参加するわけではない集団ですね。ですからそういった場では起こりがちな摩擦《まさつ》がいろいろ起こります。

もちろん、シュタイナー学校でも、日々いろんな摩擦や衝突があります。でもこういう場で、それぞれの人たちの意見は、まったく同じ意見にしないとならないのかというと、そんなことはないはずなのです。もちろんみんな異なっています。でも大切なのは、おたがい同じ土壌にたっているということ、そしてこどもにとってよい環境をつくりだしたいという同じ事を思って、ここに集まったということ。

そのため、どのシュタイナー学校も、自分たちの運営のやり方を話し合いによって自由につくりあげてゆくことになります。その運営の仕方は、他の人にもわかるようなやり方になっていなくてはなりません。

だれかがひとりで考えて決めるのではなく、話し合いのなかで方法を決めて行きます。さまざまな問題があったら、そこで教師や親の集まりをもちます。数年たつと、もうこのやり方ではあわないという発展の段階がやってきます。学校も生き物ですから、新たな変容が必要になるときがあります。今のかたちではない、まったく違うかたちが必要だ、というように。

わたしのいる学校は、もう六〇年の歴史のある古い学校です。わたしはそこで三〇年働いていますが、組織の内容は本当に変化してきています。

たとえば、職員会議の仕方もかなり変わってきましたし、どの領域に何人の教員が必要か、といったことも変わっていきました。ある時期は、大切なことを決めるときは、たくさんの教員が集まらなければならない、という時期がありました。いやいや、小さなグループですばやく決定する必要がある、となった時期もありました。だらだら無駄なことを話している時間が長すぎたから。つまり、そこでそのとき集まっている人たちの性質や能力の傾向、必要性にもよるわけですね。

このような社会における振り子の運動は、みなさんもなんらかのご経験でご存じかもしれませんね。これ自体、とても健康的なことで大切です。そのプロセスでもちろんそれぞれが怒ったりして感情的になることもあるでしょう。

ニュルンベルクのシュタイナー学校の先生が全員集まると七〇人です。年齢もばらばら。経験も違います。ですから、五〇代のわたしが二〇代の先生に、同じように物事を見なさい、というのは不健康なんですね。おたがいやり方が違うわけです。

親もまた、本当にいろいろです。ものすごくアクティブで、どんな催しにも一目散にやってきて、たくさん仕事をする人がいます。一方、反対の人もいます。彼らはなかなかやってきません。アクティブな親たちは、いつもいない人たちに時には腹をたてたりもします。

さて、こんなとき、どのようにいっしょにやってゆけるか、という大きなテーマがあります。みなさんがなにか、親同士のあいだで、それぞれの足りないところを補いあって、いろんな困難を乗り切っていこうと思ったとき、やはり同じテーマが現れるでしょう。

同じ人が同じ量のことをやるということを求められるでしょうか。

それは非現実的です。それは二〇代の先生にわたしと同じ授業をやるようにいうことと同じなのです。おたがい「妥協」することが必要になってきます。おたがいが、人生のどのような状況にあるか、ということを見ます。経験がある方が上で若いのは下だ、というのは違います。なぜなら、人生のなかで立っている位置がちがうからです。

みんな異なっている。異なったやり方をもっている。

〈繋がるということ〉

人と関わることは、そもそもちょっとしんどいことです。「繋がる」ことは、明るくたのしい部分が強調されやすいですが、自分と違うものとぶつかるプロセスですから、しんどさが「前提」になります。つまり、しんどさのない関係はないのでしょう。自分を否定されるのではないか、願いが叶わないのではないかという怖れも生まれますよね。でも、その底には、関わらなければ味わうことのないよろこびもある。傷つく可能性があるから、またよろこびもあります。

たとえばよく、大勢の人間で、なにかひとつのことをやろうとすると、たくさん関わる人とあまり関わらない人が現れますよね。そういうとき、関わっている人たちは、ついついそれをやっていない人たちに対して、どうしてやらないの？　と要求してどんどん狭くなりがちです。

でも、こんな発想もできませんか。

思い出してみるわけです。なぜ、わたしは、そもそもそれに関わろうと思ったのでしょう。関わること自体のよろこびがないでしょうか。関わることは苦しいけれど、苦しいからこそたのしいということがありますよね。同じことをやり出す人がすこしずつ増えていくことをよろこべたら、たのしさに注目できますね。

とはいえ、このような大勢で取り組む活動の問題は、わたしのクラスの親の集まりを通して、いつもぶつかっています。ある親たちがすばらしいプロジェクトを考えて、みんなに「この日に集まってやりましょう」と声をかけた。なのに、当日、ほとんど人はやってこない。さて、こんなときは、どうしたらいいでしょうか。

単純な結論のようですが、オープンに話しあうということ、この「オープンに話す」プロセス自体が、新しい「場」をつくっていきます。決まった制度が「場」をつくっていると思いがちだけれど、人と人の日々のやりとりそのものが、「場」をつくり変えていきます。ただし、やはり率直に話しあうには練習が必要ですけどね。

シュタイナー学校もまた、そのような親やおとなのネットワークのひとつといえるでしょう。既存の会社や家族のかたちにとらわれない、おとな同士による社会的な関係の、ポジティブな練習が、これからたくさんうまれてくるでしょう。摩擦もある、衝突もある、でこぼこするでしょう。異なる人間同士が関わり、繋がるのですから。でもそれは古い関係のかたちが壊れた時代に、新しい関係をつくってゆく、未来に向けたおとなの練習なのかもしれません。

6 わたしとあなた

ひとりから
ひとりへ

日々の根っこ、遠いまなざし

お母さんも、かつては小さなこどもでしたね。その小さなこどもが大きくなって、今は、お母さんになりました。でも、お母さんになる前も、なった後も、小さな頃からずっとつづいているこの〈わたし〉に変わりはありません。

おとなになるとは、一方では、他人との関係で役割を得ていくプロセスです。この本では、こどもの親、お母さんとしての役割に焦点をあててきました。

「お母さん」になると、日々、こどもの必要に応えて、大忙しになりますね。これまでは自分のことをしていればよかったのに、天地がひっくりかえるくらい事情が変わり、戸惑います。

しかもお母さんの仕事は、だれからも、ほとんど褒めてもらえない。むしろ、「あたりまえのことができていない」と、批判されることばかりです。

でも、〈わたし〉は、「お母さん」になれば全部がお母さんになるだけではありません。女性としての自分がいなくなるわけでもありません。こどもとの関係では、「お母さん」ですが、それだけではない場所があります。どこにも所属しない、役割とは関係のない、〈わたし〉がいます。そのわたしは、だれか、外側から、認められなくても、いつでもここにいるんですね。

シュタイナー教育は、その〈わたし〉を応援します。

この本のタイトルは、シュタイナー教育入門です。でも、シュタイナー教育のひとつひとつをご紹介していません。本当に、ほんの、入口のお話をさせていただきました。

シュタイナーは、ただただ自分らしく、本当に生きたと思える人生を、ひとりひとりに願っていたのだと思います。わたしはそれが、シュタイナー教育の「まんなかのたいせつなこと」だと思っています。

だれかがいいといったとか、悪いといったとか、そういうことに従うのではなく、自分に聞くこと。本当に生きた、生きているなーっという感覚は〈わたし〉にしか、わかりません。

もちろんわたしは、「いい」と思ったから、シュタイナー学校で教えることを選びました。でもそれは、わたしの選択なのです。「同じじゃなくても大丈夫」なのです。私たちは異なるのですから。

わたしが、この本のなかでみなさんにお伝えできるのは、シュタイナー教育とは、そのように〈わたし〉の人生、わたしがわたしであるという比較できない人生を信頼することを願うものなんだ、ということです。

なぜなら、ご自身への信頼なくして、「シュタイナー教育」をいくらこどもに与えようとしても、こどもはどこかでからっぽな場所を感じるでしょう。お母さんが本当に感じ、お母さんが本当に心動かされたものによって、よろこんで動いているなら、それはこどもにも伝わっていくと思うのです。だからまず、お母さん自身が、なにかを「いい」と思う自分の場所に戻ること、そのことの大切さをお伝えしたいと思いました。

その後、ご自分の人生や子育ての場面に、シュタイナー教育の考え方を役立たせていくもいかぬもよし。それはこの本の先にひろがるテーマだと思っていただけたなら幸いです。


わたしは、女性が一生、「お母さん」であるとは考えません。私たちはひととき、こどもといっしょに旅をします。「お母さん」とは、ひとりのこどもを自分の旅に送り出すまで〈わたし〉が担う「旅の名前」だと思います。〈わたし〉の旅から、こどもが去っても、旅は続いてゆきます。〈わたし〉の旅の呼吸を忘れないでください。どのような現実があったとしても、〈わたし〉を忘れないでいられるからこそ、私たちはこどもの前にもしっかり立つことができるとわたしは考えます。

そんなこと言ったたって現実的じゃないわ、「わたしの時間」なんてどこにもないわ、と反論されてしまうかもしれませんね。

現実は、いつもいつも私たちを、洗濯機につっこんだように圧倒します。毎日がめまぐるしく、いったいどこで、わたしはわたしだと感じることができるのかと思われるでしょう。なのにわたしは、この本のなかでいろいろ理想的なことを申し上げてしまったかもしれません。みなさんの現実も知らないのに。ドイツと日本も、ずいぶん違いますよね。

だから、そのたびに、そんなことは無理だわ、現実はそんなものじゃないわ、と息苦しく感じることがあったとしたなら、どうぞ、そうはお感じにならないでいただけたら、と願います。現実は、こうあるべき、ということから、いつもはみ出していきます。そしてたしかに、わたしは、みなさんおひとりおひとりの現実をまったく知ることがありません。けれどわたしは、あえて、そのわたしの知ることのできない固有の現実のなかにこそ、〈わたし〉の根を伸ばす肥やしがあると申し上げます。

シュタイナーは、「教育は自分を教育することでしかない」という言葉をのこしています。

教育というと、なんだか教室でノートをとるような印象になるかもしれませんが、そういうことではありません。生きる時間のプロセスは、自分の外側に、「正しい答」があってそれに従うということではなく、自分のなかにある答に気づいていくことなんだ、ということです。

それは、ひとりひとりの暮らしのなかの小さな宿題を解いていくことにほかなりません。その宿題は、だれのとも同じではない。それは〈わたし〉だけの宿題です。ある事柄が答なのかどうか、ほかの人の解答用紙をみても、わからないんですね。というのも、問題が違うから。

ある意味では心細く、孤独です。答が合っているか、合っていないか、外側から承認してくれる人はいないというのですから。その答が合っているかどうか、それさえも自分にたずねなくてはならないのですから。

日常は時に、情けなくなるような「あんなこんな」でできています。あっというまにすてきな決意をひるがえす出来事が、今日起こるわけです。また怒鳴ってしまった、部屋が信じられないほど散らかっている、もう自分はほんとにだめな親だと思う、そんなことがこれからも起こるわけです。ここでお話ししているようなことからはうんと離れたことの連続でしょう。

実際、現代において、女性が、こどもを生み育てながら自分ということを考えるのは、ある意味では、大変な葛藤を呼ぶものです。わたしが、みなさんの現実を知らずに、簡単に、これが答ですよ、と示したら、うそになるでしょう。長年子育てをやってきた「人生の先輩」として「母親であることは、すばらしいことですから、みなさんもがんばりましょう」と、言えばいいだけなのかどうか。でもわたしは、その「答」に行きつくまでに、自分の人生を自分なりに生きるしかありませんでした。それはみなさんにとっても、同じはずです。答は示せるものではない、そう思うのです。きっと、親であり、妻であり、時には職業人でもあり、その葛藤を誠実に生きる時間のなかで、ひとりひとりが答を見つけてゆくことになるのでしょう。その時間がいつのまにか、〈わたし〉を育てるのかもしれません。

だからただ、迷ったり悩んだりするお母さん自身に、迷って当然だと、そう申しあげたいです。ひとりひとりの人生において、いったいなにを望み、生きているのか。洗濯物を干したり、たたんだりしながら、悩みながら生きてゆくことは、きっと無駄ではないと。

そういうごちゃごちゃとした日常のなかで、ときどき人生を見渡してみる。この遠いまなざしと、洗濯やごはんの、だれも見ていない日々の仕事をしながら、〈わたし〉の根っこを育てていくこと。そういうふつうの暮らしのなかで、お母さんがお母さんご自身に向かう姿に、こどもは人間の姿を学んでいるかもしれません。

今、ここにこどもがいるということ、そしてここにわたしがいるということ、その出来事を深く生きるという選択を、改めてなさるなら、お母さんになることは、〈わたし〉を見失うことではなくなってゆく、そうわたしは思います。いろいろな出来事の結果、〈わたし〉はこの子という〈あなた〉に出会いました。その出会いの〈わたし〉にとっての意味を、深くたずねてみることが、きっと助けになると思います。

お母さんになるということを、すべての人が、会社や学校を決めるときのように、自分の意志で選んだとは限りません。ご自分から母親になるとはっきり決めていた方もおられれば、天からふってきたハプニングのように受けとめた方もおられるでしょう。外側では元気なお母さんとしてふるまっていても、ずっと取り組んできた夢や職業を手放し、ときに葛藤やゆらぎに深く落ち込む方もいるかもしれません。

自分の人生に満足している人というのは、どんな人なんでしょうか。そういう人たちに、なにか共通していることはあるのだろうか？　ということで実施された、ちょっと変わったアンケート結果を見たことがあります。そこでわかったことは、外側のいろいろな違いに共通点は見つからなかったということです。そういう、ある意味で幸運な人たちは、さまざまな社会の層にいました。難しい大学を出た人もいましたし、中学校を卒業して社会に出た人もいました。お金もちかどうか、ということも、基準にはならなかったそうです。ドイツは階層が日本よりはっきりしていますが、一日ぎりぎりのお金で生活している人たちの中からも、そのような人たちは出てきました。

つまり、社会でどんなふうに生きているかということと、人生に満足しているかどうかということとは、本当のところ共通性が見当たらなかった。みんな、そういうものが整えば、満足するって思いがちですけれど。でも、人生にたいする態度に共通性があった。

彼女たちを支えていたのは、ものや暮らしがどれほど豊かかということではなく、もっと精神的なものだったということです。

でも〝精神的〟、とは、どんなことでしょう?

それは、なかなか言葉にできませんが、自分が自分であるという感情に支えられていたということではないでしょうか。社会や目の前の状況がどのようであっても。それがどの層にも共通している内容でした。だからこそ彼女たちは、社会のなかの外側の条件にかかわらず、人生に満足していると言えたといえるかもしれません。

彼女たちは、自分の人生がしっかりすすんでいる、ということ、人生をすすむなかで、運命のもたらす悲劇的なことやたくさんの問題を克服する自分の状態になっている。「運命」や「問題」が〝ない〟ことが、条件なのではなかったということですね。

自分の人生への信頼があることによって、人生の中でどんなことがあってもそれを切りひらいていくこころの状態を人間がもてるということがわかります。

もうひとつの共通点として、この人々は、常に日常の中で、自分のバランスをとれるようなものをもっていたということです。これは最初の章でお話したことにもつながります。戻ってゆきます。

この両方の要素――人生へのまなざし、そして一日の日常の中から、本当にわずかでも自分でバランスを取れる時間を作るということ。それがまさにこどもたちの生きる環境にとってよいものをもたらすということ、それがこどもたちが求めているものだということがわかります。

この本当にわずか二つのことだけで、私たちはシュタイナー教育をくわしくあまりわかっていなかったとしても、私たちはこどもに対して、こどもの支え、安心を作ってあげることができるのではないかなと思います。

しかしここで大切なのは、私たちにとってそれが重い義務にならないことです。バランスをとらなければならないのだ、というわけではありません。そうではなく、私たちにとってよい状態を探すということ。内的なバランスを得ていくということ……それはまず最初に私たちの助けになると思いませんか。ですから、みなさんのおひとりおひとりにわたしは願います。落ち着きとそのようなバランスをもつことができるようにと。

そこでみなさんは問うてみてください。自分にとっての本当の幸せ、満足は、いったいどこからくるんだろう、と。

それは、人が言うように、なにか地位や外的なものからくるのでしょうか？　満足はなにか仕事で大きな成功をして、ある職についたからくるのでしょうか、それは本当でしょうか。

なにが自分の内側の、心の満足をもたらすのでしょう？

お母さんがこの複雑でささいなことにみちた人生のなかで、なにを大切だと思い、そこにともる灯を消さずに生きようとしているか。それにこどもが触れることは、本当にときどきだったとしても、その灯は、迷いそうになったときに遠くからこどもを照らすでしょう。私たちが難しい日常の中で、バランスを取るということ、まさにこの親自身の試みを通して、こども自身もそれをまねし、自分の中にそのバランスを得ていくことができるわけです。

どの状態が自分がそれに近づいていける状態なのかということ。これを本当につかんだら、しかもつかみながら、本当にいつもいつもそれを探していくことができたなら、その心の姿勢から、みなさんはこどもたちを全く違う目で見ることができるようになっていくでしょう。

私たちが日常でそのように生きることを通して、こどもたちは自分の人生を信頼できるようになっていくのかもしれません――私たちがそれをしてこそ。

日本のみなさん、
さようなら。

こどもはいつか離れていきます。
九歳をすぎるころから
すこしずつ、お母さん自身と距離をとりはじめます。
離れていった瞬間、どれほど自分が
こどもと繋がっていたのかが、わかります。
こころがとても痛みます。
小さな頃は、「ママーママー」と言って、
追いかけてきました。いろんな文句を言っていても、
どこか小さなこどもは自分といつも

いっしょだったんだと、そのときほんとにわかります。

でも今はもう、自分だけの考えをもち、
自分の目標を探しはじめている。
一四歳にもなれば、なんだか、ときには嫌われているようです。
あんなに一生懸命、悩みながら悩みながら育てたのに
そんなこと全然なかったかのように、家を出て行きます。

どこかで、お母さんは、
こころの準備が必要になります。
いつかこの子は離れていく。
でもいつか、自分の意見と自分の感性で見つけてきた、
わたしの知らない世界の話をきっとしてくれるだろう。

お母さんもまた、いつか一人の自分に
戻ってゆきます。

わたしはお母さんを、灯台にたとえるのが好きです。
灯台は、まっくらなときに活躍しますよね。
でも灯台は、動けません。
大きくなったらもう、こどもに駆けよることも
できなくなります。
でもただ、水をかぶっても、大きな風が吹いても、
わたしがわたしとして大切だと思うことを
日々のなかで守っていくなら、
いつかこどもが本当に暗闇で迷ったとき、
その灯を見つけてくれるかもしれません。

その光は、自分の内側からやってきます。
どこかの偉い人の灯を、自分の灯のように、
示すことはできない。

だからわたしは、わたしの灯を消さないように
車のなかで歌を歌って
一日一日をまた
生きていきたいと思っています。
みなさんもどうぞ、
お元気で！

――ドーリス・シューラー

著者 ドーリス・シューラー（Doris Schuerer）
1952年生、ドイツ・エアランゲン生まれ。エアランゲン大学（社会学・教育学専攻）卒業後、シュタイナー学校の教員免許習得。1979年よりニュルンベルク・シュタイナー学校のクラス担任と音楽専科・英語専科を担当。1984年より理事、1998年よりニュルンベルク教員養成ゼミナール講師。ドイツ・ヴァルドルフ学校連盟ニュルンベルク代表委員。クラス担任4回目、3人の子ども（娘1人、息子2人）の母親。ピアノと歌が好き。コーラスには毎週かよっている。

訳者 鳥山雅代（とりやま・まさよ）
1968年生。自由の森学園卒業後、ミュンヘンのオイリュトミー学校で学ぶ。1994年〜2007年、ヴェルンシュタイン、ニュルベンルク、ハスフルトのシュタイナー学校でオイリュトミーを担当。現在、NPO法人 東京賢治の学校 自由ヴァルドルフシューレ教員。訳書にL・シュタインマン『シュタイナーのこどもの育てかた おとながこどもにできること』（春秋社）、H・エラー『人間を育てる』『4つの気質と個性のしくみ』（ともにトランスビュー）など。

協力　ＮＰＯ法人　東京賢治の学校
自由ヴァルドルフシューレ

本書は、「東京賢治の学校」（東京・立川市）での「シュタイナー教育に学ぶ講座」の一環として企画されたドーリス・シューラー氏の講座がもとになっています。書籍化にあたっては、新たなテーマ設定のもと編集部による再構成を行ない、一部の表現を読みやすく改めています。刊行に至るまで鈴木真紀氏、小山律子氏をはじめ、「東京賢治の学校」の多くの方々（生徒の母親の皆様）のご協力をいただきました。ここに記して感謝申し上げます。

（春秋社編集部）

ママのためのシュタイナー教育入門

2008年11月25日　第1刷発行
2022年10月25日　第6刷発行

著　者――ドーリス・シューラー
訳　者――鳥山雅代
発行者――神田　明
発行所――株式会社　春秋社
〒101-0021 東京都千代田区外神田2-18-6
電話　(03) 3255-9611 (営業)
　　　(03) 3255-9614 (編集)
振替　00180-6-24861
URL　https://www.shunjusha.co.jp/
印刷所――株式会社　シナノ
製本所――ナショナル製本　協同組合
装　幀――高木達樹

ISBN978-4-393-33285-6　C0036 定価はカバー等に表示してあります